Mörser, Kolben und Phiolen

Rudolf Schmitz

Mörser, Kolben und Phiolen

Aus der Welt der Pharmazie

Zweite, unveränderte Auflage

AKADEMISCHE DRUCK- u. VERLAGSANSTALT, GRAZ - AUSTRIA

Um ein Vorwort vermehrter Nachdruck der 1966 in
Stuttgart erschienenen Ausgabe
Reproduktion und Druck

Printed in Austria
ISBN 3-201-01074-X
197.78

Mörser, Kolben und Phiolen

Meiner lieben Frau Ursula

Vorwort zur ersten Auflage

Die Vorreden vieler alter Arznei- und Kräuterbücher beginnen mit den Worten: Lectori benevolo — dem wohlwollenden Leser!

Auch dieses Buch über »Mörser, Kolben und Phiolen«, das einen Querschnitt durch die Welt der Pharmazie darstellt, wendet sich an eine wohlmeinende Leserschaft; denn mit ihm ist ein kleines Wagnis verbunden. Es besteht darin, daß der Versuch gemacht wurde, wissenschaftliche Probleme der Pharmazie, mögen sie naturwissenschaftlicher, medizinischer, philologischer oder gar soziologischer Art sein, mit solchen ihres äußeren Erscheinungsbildes, wie sie in Belletristik oder Malerei Ausdruck finden, zugleich optisch wie auch literarisch zu vereinen. Da das nicht ganz einfach ist und die Gefahr besteht, es könnte der Zusammenhang in der einen oder anderen Weise zerrissen werden, wurde die Kunstform des Mosaiks zum Vorbild genommen, Steinchen zu Steinchen gefügt in der Hoffnung, daß der Leser, der in gehörigem Abstand das fertige Werk betrachtet, nicht nur einzelne Konturen, sondern im Ganzen auch die Idee erkennen kann. Wie es sich mit den Bildern verhält, so ist es auch mit dem Text: Manches war bis vor kurzem noch unbekannt, einiges bis heute nicht gedruckt.

So hege ich bescheiden die Hoffnung, daß die »Mörser, Kolben und Phiolen« mehr sind als ein mit Text unterlegtes Bilderbuch über Pharmazie und Apotheke.

Marburg/Lahn

Rudolf Schmitz

Vorwort zur zweiten Auflage

Eigentlich braucht dieser zweiten Auflage von »Mörser, Kolben und Phiolen« nicht sehr viel als Vorwort mitgegeben zu werden; denn sie erscheint im wesentlichen unverändert. Und doch gilt es etwas nachzutragen, was bei der ersten Auflage unerwähnt geblieben ist: nämlich der Name des Mannes, der vor einem guten Dutzend Jahren der »Franckh'schen Verlagshandlung«, Stuttgart, den Vorschlag machte, für ein solches Buch mich als Autor heranzuziehen. Es war der im vergangenen Jahre verstorbene Senior der deutschen Pharmazie Prof. Dr. Ing. habil. Hans Kaiser, Stuttgart. – Inzwischen hat die Akademische Druck- u. Verlagsanstalt, Graz, es übernommen, das Buch erneut auf den Markt zu bringen. Dafür gilt ihr besonderer Dank; insofern doppelt, als sie damit auch Gelegenheit gibt, an Hans Kaiser zu erinnern und ihm öffentlich zu danken.

In den vergangenen Jahren kamen immer wieder Anfragen, ob das inzwischen vergriffene Buch nicht doch wieder verlegt werden könnte. Die Einladungen zur Subskription hatten nun ein derart freundliches Echo, daß der Verlag sich ermutigt sah, »Mörser, Kolben und Phiolen« sogar unverändert wieder herauszubringen. Natürlich ist die Pharmaziegeschichtsschreibung inzwischen nicht stehengeblieben. Doch berührt diese Tatsache die Zweckbestimmung des Buches kaum. Dieses sollte in erster Linie anregend sein und mit seinen Bildern auch dem Außenstehenden etwas von der kulturellen und wissenschaftlichen Atmosphäre der Pharmazie, insbesonders aber der Apotheke, vermitteln.

Man kann nur hoffen, daß auch die zweite Auflage eine günstige Aufnahme findet.

Marburg, im Februar 1978

R. Schmitz

Zur Einführung

> Das Poetische hat immer recht; es wächst weit über das Historische hinaus.

Dieser Satz stammt von einem Apotheker und steht in Theodor Fontanes »Frau Jenny Treibel«. Er war nicht auf die zeitgenössischen oder alten Apotheken gemünzt und charakterisiert dennoch die Welt, die sie umgibt. — Aber nicht nur von der Poesie der Apotheken, die in ihrer Geschichte begründet ist, soll in diesem Buch berichtet werden, davon also, daß sich in ihrer langen Tradition so vieles verbirgt, was alle Bereiche des menschlichen Lebens berührt, sondern es soll auch aus der Welt der Pharmazie erzählt werden, die manches enthält, was an das Wunderbare grenzt.

Die Apotheke ist eine Institution des öffentlichen Gesundheitswesens und übernimmt in gewisser Weise staatliche Aufgaben. Aber sie ist nach kaufmännischen Gesichtspunkten aufgebaut und muß nach solchen geführt werden. Der Apotheker macht »Dienst« und seine Kunden sind »Publikum«, seine Arbeitsstätte ist kein Laden, sondern eine »Offizin«! Dennoch stellt er Bilanzen auf, hält Geschäftsbücher, gibt Steuererklärungen ab wie jeder andere Kaufmann auch; er hat also ein Gewerbe und unterliegt der Gewerbeaufsicht. Dies ist nicht erst heute so, sondern schon seit Jahrhunderten. Der Apotheker dürfte der einzige Akademiker sein, der die Produkte seiner Tätigkeit über eine »Theke«, die bei ihm Abgabetisch heißt, feilbietet und gegen Entgelt verkauft. Das Wort Theke aber im Zusammenhang mit einer Apotheke zu gebrauchen, ist, obwohl beide auf das gleiche Etymon zurückgehen, für den Apotheker geradezu beleidigend. Hier werden Spannungen soziologischer Art sichtbar, die diesen Beruf seit seinem Entstehen begleitet haben. Aber gerade aus diesen Spannungen erwuchs das farbige Bild von Apotheke und Apotheker, in dem sich in allen Abstufungen menschliches Wollen und Vermögen, aber auch menschliche Schwächen widerspiegeln. Wie man zu allen Zeiten von einer Apothekerkunst im umfassenden Sinne des Wortes sprechen konnte, so hat das Element der Kunst — also des Künstlerischen — der Apotheke die Aura des Poetischen gesichert. Freilich ist, seit das Zeitalter der Industrie und der Massenfabrikation sich auch des Arznei-

Bildseite 9

Poesie und Reichtum der Apotheken der Goethezeit sprechen aus diesem Bild einer heute im Schweizer Pharmaziehistorischen Museum in Basel aufgestellten Apothekeneinrichtung. Besonders der matte Schimmer der schönen Milchglasgefäße, mit denen die Regale reich geschmückt sind, das zarte Blau der Stöpsel, das in allen Schattierungen strahlende Grün und das triumphierende Gold des Rezepturaufsatzes, lassen uns das dem Alltag ein wenig entrückte Fluidum der Offizinen des 18. Jahrhunderts ahnen, das wohl auch den jungen Goethe eingefangen und nicht mehr losgelassen hat.

mittels bemächtigte, eine tiefgreifende Wandlung eingetreten. Aber der Zauber, der die Arznei bei allen Völkern und zu allen Zeiten umgeben hat, ist geblieben. So sind auch die Magie des Medikamentes und der magische Zirkel, der den Diener an der Heilkunst — mag er Apotheker oder Arzt sein — umgibt, nicht verschwunden. Wir vermögen diesen Zirkel augenscheinlich trotz aller Aufgeklärtheit nicht zu durchbrechen, höchstens seine Grenzen ein wenig weiter hinauszuschieben. Das ist ein historisches Phänomen, das Dichter und darstellende Künstler immer wieder dazu gereizt hat, sich seiner anzunehmen und eine Erklärung zu wagen. Aber auch den Wissenschaftler hat es nicht in Ruhe gelassen. Agrippa von Nettesheims »Magische Werke« (1533) sind z. B. ein Versuch des 16. Jahrhunderts, diese Dinge nicht nur an-, sondern auszusprechen. Die moderne Placeboforschung, d. h. die Erkenntnis der Tatsache, daß »Medikamente« auch ohne Wirkstoff, nur auf Grund ihres Aussehens und der Erwartung, die man mit ihnen verknüpft, wirken (eine Entdeckung, die von dem Privatverein Homöopathischer Ärzte Österreichs etwa 1844 erstmals gemacht wurde), ist die wissenschaftliche Variante unserer Tage und eine der großen Aufgaben für Pharmazie und Medizin. All das hat seine Geschichte! Sie mag von Land zu Land verschieden sein, doch im Wesen ist sie sich gleich; denn sie stammt aus der Wurzel menschlicher Daseinsnot.

Dieses Buch soll nun über Pharmazie berichten und den Ort, wo sie betrieben wird, die weit über 600jährige Apotheke. Die deutsche Apotheke nimmt in der Welt auch heute noch eine Sonderstellung ein. Man kann sie schlecht der Farmacia der Italiener oder der Pharmacie der Franzosen gleichstellen. Auch der englische Chemist-Shop und schon gar nicht die im amerikanischen Drugstore untergebrachte Arzneimittelecke sind das, was man in Deutschland unter Apotheke versteht. Die skandinavischen, belgischen, holländischen Offizinen kommen ihr mit Unterschieden noch am nächsten. Die osteuropäischen Apotheken haben ihr Gesicht, das früher dem der deutschen sehr ähnelte, so vor allem in der Tschechoslowakei, Ungarn, Jugoslawien, also im Bereich der ehemaligen Donaumonarchie, ebenfalls verändert. — Wenn nicht alles trügt, so wird sich im nächsten Jahrzehnt entscheiden, ob das Bild der »alten« deutschen Apotheke erhalten bleibt. In manchen Ländern scheint man sich ihrem Modell wieder zu nähern, dessen Wurzeln in der Verantwortlichkeit gegenüber Staat und eigenem Gewissen, aber auch in der persönlichen Initiative liegen.

Pharmazie

Um der Pharmazie Alter, Würde und Gewicht zu verleihen, bedarf es eigentlich keiner historischen Untermauerung; denn »so lange es Menschen gibt, so lange gibt es Krankheiten« (P. Diepgen) — und solange es die gibt, suchen die Menschen nach Mitteln, um sich gegen diese Urfeinde zur Wehr zu setzen. So trachteten sie, in der belebten und unbelebten Natur das Bibelwort: »Machet Euch die Erde untertan« getreu zu erfüllen. Selbst Kräfte, die außerhalb der Welt oder der Sinneswahrnehmung liegen, wurden dabei in der Hoffnung mobilisiert, auch dort »Heil«mittel zu finden. Man sollte also nicht vergessen, daß der Urgrund, aus dem die Pharmazie kommt, zwei Quellen hat: Eine, die wir im Laufe der Jahrtausende mit naturwissenschaftlicher Präzision fassen lernten — und eine andere, die, aus kreatürlicher Daseinsnot gespeist, immer nur im Menschen selbst lebendig ist.

»Pharmazie« kommt von pharmakon — Heilmittel, wie es im Griechischen heißt; der Begriff ist uralt. Für diese Behauptung gibt es nicht nur Anhaltspunkte, sondern Beweise! Mögen sie aus den Rezepten stammen, die auf den Tontäfelchen in der assyrischen Bibliothek Assurbanipals (668 bis 628 v. Chr.) in Keilschrift aufgeschrieben waren (sie sind jetzt ca. 2500 Jahre alt!), oder aus den Grabbeigaben ägyptischer Könige und Königinnen abzulesen sein, die noch älter sind! Am Anfang aller Kulturen ist auch die Arznei nachweisbar! Freilich haben einige behauptet, das Wort »Pharmazie« stamme eigentlich aus der ägyptischen Mythologie und nicht aus dem Griechischen; sie sagen, daß eine altägyptische Hieroglypheninschrift in ihrer bildhaften Art folgende Geschichte erzähle:

> In einem schwankenden Nachen führte der Gott des Heiles, Thot, eine himmlische Schöne über den hochgehenden Nil. Glücklich am anderen Ufer angekommen, wandte sich der Fahrgast dankbar zum Fährmann und rief ihm »ph-arm-aki« zu, was soviel heißt wie »Du Verleiher der Sicherheit!«

Die Deutung des Gleichnisses sei diese: Auch das Arzneimittel mache den im schwankenden Kahn seiner Gesundheit Sitzenden wieder fest und sicher. Diese Vorstellung, aus dem Ägyptischen übernommen, sei der Begriffshintergrund für das griechische, dann lateinische und später in die lebenden Sprachen übertragene, vielfach abgewandelte Wort Pharmazie. — So ganz ist diese hübsche Ge-

Bildseite 13

»Der Frühling« — so ist ein Blatt aus dem »Tacuinum Sanitatis in Medicina« (tacuinum von arabisch takwim — Übersichtstafel) bezeichnet, dessen Original in der Österreichischen Nationalbibliothek aufbewahrt wird. Es ist ein reich mit lombardisch-veronesischer Buchmalerei ausgestatteter Codex des ausgehenden 14. Jahrhunderts, dessen Text nach Abulkasis gestaltet wurde. Beim Frühlingsblatt wird auf die »guten Säfte« und das »gute Blut« hingewiesen, die man mit den Gaben der Jahreszeit erneuern und von Schlacken und Fäulnis befreien soll. Die Analogie von menschlicher Jugend und Erneuerung der Natur ist in einem Blüten- und Farbenrausch gestaltet, der kaum seinesgleichen hat.

schichte nicht einmal von der Hand zu weisen; denn im Lateinischen heißt der Kranke infirmus, das ist der Unsichere, der Labile, und die Krankenstube wird infirmatorium genannt.

Das aber, was wir heute unter Pharmazie verstehen, dessen Tradition wir fortsetzen, stammt jedenfalls aus der griechischen Antike. Die Schulen des Ktesias in Knidos (um 500 v. Chr.), des Hippokrates auf Kos (um 400 v. Chr.), des Empedokles im sizilischen Agrigent (nach 500 v. Chr.) sind auch die Keimzellen der pharmazeutischen Wissenschaften, die eingebettet in den Problemkreis der Medizin ihren Anfang genommen haben. Sie wanderten zur Zeit des Hellenismus (ab 300 v. Chr.) von den Inseln der Ägäis und den Küsten Siziliens und Kleinasiens in das Zentrum der damaligen Wissenschaften: Nach Alexandria. Dort konnte in der großen Bibliothek alles Wissen, aber auch alle Weisheit der alten Welt studiert werden. Es ist daher nicht verwunderlich, daß in Alexandria zum ersten Male »kritisch« betriebene Grundwissenschaften der Pharmazie: Chemie und Alchemie in ihrer Entstehung beobachtet werden können.

Dennoch war es ein Römer, der uns die klassische Einteilung der Heilkunde überliefert hat. Des Kaisers Tiberius (14—37 n. Chr.) Zeitgenosse, der römische Schriftsteller Aulus Cornelius Celsus, ist es gewesen, der die Heilkunde in die Diaita, den ärztlichen Rat, die Pharmaceutica, die Arzneikunst, und die Chirurgia, die Kunst des Eingriffs mit den Händen, aufgliederte. Dabei bekam die Pharmaceutica die verbindende Mittelstellung, die sie bis heute behalten hat. Denn der Beginn einer jeden ärztlichen Tätigkeit sollte im Rat zu einer vernünftigen Lebensführung bestehen, in Zuspruch und Tadel, in Beruhigung und Aufmunterung, so wie es der Fall verlangt. Erst wenn dies alles nicht mehr genügt, sollten die Arzneimittel zu Hilfe genommen werden, von denen der Grieche Oreibasios (325—403 n. Chr.) einmal gesagt hatte, sie seien die Hände der Götter. Als letzte Maßnahme aber sollten auch die Hände der Menschen dem Kranken helfen dürfen (Chirurgia aus χείρ = Hand und ἔργομαι = arbeiten; der Chirurg als der »Handarbeiter«).
Die »Pharmazeutik« der Alten ist also etwas anderes als die unserer Vorstellung. Sie ist ein Teil des ärztlichen Werkes am Kranken. Unsere Pharmazie in dem eingeengten Sinne der für das Heilmittel angewandten Naturwissenschaften entstand erst, als man erkannte, daß Herstellung und Lagerung von Arzneimitteln Probleme mit sich brachten, die mit ärztlichem Tun nichts mehr gemein hatten. Diese Entwicklung, die ihren Ursprung bei den Arabern hat, wurde in der Mitte des 13. Jahrhunderts auch äußerlich sichtbar, als durch staatliches Einwirken sich der Beruf des Arztes von dem des Apothekers zu scheiden begann. Man spricht zwar in diesem Zusammenhang immer wieder von einer Abtrennung der Pharmazie von der Medizin, getrennt aber wurden nur die beiden Berufe. In der Sache selbst haben wir einen der ersten großen Spezialisierungsprozesse der Heilkunde vor uns. Noch nie dürfte diese Tatsache so deutlich, die innere, gegenseitige Abhängigkeit aller Disziplinen der Heilkunde voneinander so groß geworden sein wie heute, wo ein aufs höchste differenziertes Spezialistentum dem Gesamtphänomen der Krankheit oft recht hilflos gegenübersteht.

Daß der Dualismus in der Heilkunde zur Zeit der Hochscholastik beginnt, daß er u. a. mit Albertus Magnus (1194—1280), dem deutschen Grafen Albert von Bollstädt, Roger Bacon, dem schottischen Mönch, und dem Spanier Arnald von Villanova verknüpft wird, ist kein Zufall, sondern die Folge eines epochalen Prozesses europäisch-abendländischer Geistesgeschichte. Von der Mitte des 11. Jahrhunderts an war in Salerno (Süditalien) die Übersetzung des verlorengegangenen antiken natur- und heilkundlichen Wissens, das zum allergrößten Teil nur noch in arabischer Sprache vorlag, in Gang gekommen. Ein Jahrhundert später geschah in Toledo (Südspanien), wo die Araber von 711 bis 1087 geherrscht hatten, Ähnliches. Nach 1200 stand der unter dem Einfluß von Thomas von Aquin und seinem Lehrer Albertus Magnus an den Universitäten inaugurierten abendländischen Wissenschaftlichkeit die ganze Fülle des heilkundlichen Wissens von dem Griechen Hippokrates bis zu dem Araber Avicenna (gest. 1037) zur Verfügung. In einem großartigen Rezeptionsprozeß wußte die wissenschaftlich-theologisch orientierte Welt der Scholastik mit diesem Angebot, das die damaligen mirakulösen, fast noch theurgischen Vorstellungen der Gnaden- und Wallfahrtsheilungen zutiefst erschüttern mußte, fertig zu werden. Die Assimilation war so vollständig, daß die Lehren des großen griechisch-römischen Arztes Galen (129—199 n. Chr.) ihren festen Platz im dogmatisch bestimmten Weltbild dieser Zeit erhielten. Heilkunde sollte mit der christlichen Heilslehre so unlösbar verknüpft sein, wie es symbolisch das Gebäude der ältesten abendländischen Medizinschule zu Montpellier mit der Kathedrale dieser Stadt heute noch ist.

In diesem Rahmen muß man die Spezialisierung der Heilkunde in einen ärztlich-medizinischen und apothekarisch-pharmazeutischen Teil sehen, die schon gegen Ende des 14. und Anfang des 15. Jahrhunderts eine zweite, wesentlich schwierigere Problematik hervorrief. Wenn es der Scholastik noch gelungen war, eine völlige Verschmelzung des neu belebten Wissens von der Natur zugunsten des leiblichen Heiles der Menschen mit theologischem Denken zu erreichen, so brachte die sich nun durch die Renaissance anbahnende, experimentierende Naturforschung, die die Vorstufe unserer modernen Naturwissenschaft darstellt, die Diskrepanz zwischen teleologischem Denken und freier Forschung, also einer Forschung um ihrer selbst willen, nur noch deutlicher zum Ausdruck. Der Syntheseversuch und die Auseinandersetzung über die Grundfrage nach dem Sinn der Wissenschaft verkörpern sich noch einmal in dem großen deutschen Kardinal Nikolaus von Cues (1401—1464). Für ihn war Wissenschaft eine Hure, wenn sie ihre Vollendung nicht in Gott finden wollte, die Liebe zu ihr eitel und

Bildseite 17

Der Basler Apotheker Henmann von Offenburg (1379—1459) stiftete der Karthäuserkirche in Basel 1416 ein Chorfenster, auf dem er sich selbst abbilden ließ. Es zeigt ihn in der Tracht der Vornehmen seiner Zeit und deren Attribut, dem sog. Dappert, einem Mantel, der an Hals und Handgelenken mit Hermelin verbrämt war. Das Spruchband zu Henmanns Haupt trägt den Text: miserere mei. Das gotische Glasgemälde gilt als das älteste Portrait eines Apothekers nördlich der Alpen.

verwerflich, wenn sie nicht Hinwendung zu Gott bedeutete. So wie sinnliche Begierde nur gesund und fruchtbar in der Ehe sein könne, sonst aber sündhaft sei, so wäre Wissenschaft, um ihrer selbst willen betrieben, ohne daß sie zum Ruhme und Verständnis Gottes diene, frevelhaft und daher abzulehnen. Also mußte alles Wissen a priori in Gott vollendet und daher fertig sein. — Darin aber unterschied sich das Denken der damaligen Welt von der neu entstandenen Auffassung, nach der Wissen grundsätzlich unfertig ist, im ganzen ziellos und daher in seiner Endlosigkeit eigentlich ohne Sinn. Für die einen war das Experiment als Erkenntnismittel immer etwas Ungefähres, für die anderen aber Kriterium und Beweis des immer Genaueren. Man stritt sich — und tut es heute noch —, ob Wissen Abbild Gottes ist oder Erfahrung der Grenzen bei Natur und Mensch.

Damit wurde auch in der Heilkunde eine Kluft aufgerissen, die sich bis heute noch nicht geschlossen hat. Der große Gleichklang war verlorengegangen, das Dach gemeinsamen Denkens nicht mehr durch äußere und innere Einheit geschützt. Eine der Folgen der experimentierenden Beschäftigung mit der unbelebten Natur war das Aufblühen einer Alchemie, in deren Mittelpunkt das Suchen nach dem »Stein der Weisen« stand, mit dem man nicht nur aus unedlem Metall Gold zu machen, sondern auf dem Gebiete der Heilkunde auch das Allheilmittel, die Panazee, zu finden hoffte. Aus dem »lapis philosophorum« wurde die »rote Tinktur« alchemistischer Pharmazie, aus dem unkontrollierten Suchen nach echtem naturwissenschaftlichen Fortschritt zunächst Spekulation, Magie und Scharlatanerie. Dennoch sind aus jener Zeit nicht nur die Grundkenntnisse chemischen Arbeitens, wie Destillation, Sublimation, Kristallisation usw. überliefert; sie wurden sogar weiterentwickelt, differenziert und systematisiert. An diesem Prozeß, der sehr bald auf den Hohen Schulen seine kritische Intensivierung und wissenschaftliche Untermauerung erfuhr, sind die Universitäten auf deutschem Boden hervorragend beteiligt.

Galen und die Pharmazie

> »Was Lykurg und Solon auf dem Gebiet der Gesetzgebung, was Moses, Buddha, Christus, Mohammed als Religionsstifter bedeuten, was der Codex Justinianus in der Rechtsgeschichte geleistet hat, was Hippokrates für die Medizin des Altertums geworden ist, das ist Galen für das medizinische Mittelalter« (J. Pagel).

Zweifellos schließt mit Galen (129—199 n. Chr.), der seit früher Jugend die Gewohnheit hatte, alles und jedes, worauf Praxis und Theorie ihn brachten, niederzuschreiben, die Heilkunde der alten Zeit ab. — Der aus Pergamon stammende Leibarzt zweier römischer Kaiser vermittelte in einer imponierenden schriftstellerischen wie kritischen Leistung antikes heilkundliches Wissen und zeichnete in seinem Buch »περὶ τῶν ἰδίων βιβλίων — über die eigenen Bücher« gewissenhaft alles auf, was er je verfaßt hatte. Danach waren es an die 400 bis 500 Werke. Von den allein 115 philosophischen Schriften sind nur noch 3 erhalten; von den heilkundlichen Arbeiten gingen 48 verloren, während 83 echte, 19 zweifelhafte, 45 unechte, 19 Fragmente und 15 Kommentare über hippokratische Schriften auf uns gekommen sind. Wie hoch die Zahl der ungedruckten Arbeiten in Wahrheit ist, die der Medizinhistoriker H. Haeser im Jahre 1875 mit 80 angab, wird erst dann zu ermessen sein, wenn auch alle arabischen Manuskripte erfaßt worden sind. Der größte Teil der Schriften wurde beim Brande Roms im Jahre 191 n. Chr. zerstört. Galen berichtete selbst in seinem Buch »περὶ συνθέσεως κατὰ γένη — über die Zubereitung der Arzneien nach ihren Arten«, daß er seine Schriften in der via sacra in einer »ἀποθήκη — Apotheke« mit denen anderer Männer habe aufbewahren lassen. Ein Feuer, das den Friedenstempel und die Palatinische Bibliothek verwüstete, habe auf die nahegelegene »Heilige Straße« übergegriffen und auch das Haus, in dem seine Werke lagerten, eingeäschert.

Wir sind vielleicht zu sehr daran gewöhnt, in Galen lediglich den großen Kenner und Bewahrer der alten Heilkunde zu sehen, den »ἰατρός — Arzt« im klassisch-universalen Sinn, der auch das Gebiet, das wir heute mit Pharmazie bezeichnen, beherrschte. Zwar existieren nur noch drei seiner philosophischen Schriften, doch dürften es gerade diese gewesen sein, die Galens Ruf der Unfehlbarkeit im Mittelalter begründeten. Galen war Eklektiker, d. h. er hing jenem philosophischen System an, das darin besteht, aus allen Erscheinungen nach persönlichem Urteil eine Auswahl zu treffen. Damit ist man natürlich stets in Gefahr, objektiv-wissenschaftliche Erkenntnisse auch einer subjektiven Voreingenommenheit zu opfern. Das System erlaubt es ferner, miteinander nicht zu vereinbarende Dinge dennoch unter einem einheitlich wissenschaftlichen Aspekt zusammenzufassen. Da dem Eklektizismus das Odium anhaftet, er stelle ein Symptom der Erschöpfung originären philosophischen Denkens dar, erhebt sich die Frage, wozu das Lehrgebäude Galens eigentlich dienen sollte. Dem Grundgedanken nach beruht es auf der Verschmelzung des Platonischen Idealismus mit dem Aristotelischen Realismus. Bindemittel bildet der beiden Richtungen eigene, gemeinsam die Naturforschung des ganzen Altertums beherrschende Teleologismus — also das Bestreben, alles vom Gedanken der Zweckbestimmtheit her zu sehen. Hierzu stehen aber Galens Experimente, der Wunsch, die Dinge seiner Be-

Bildseite 21

Ein Gegenstück in Holz zu Lucas Cranach d. Ä. Gemälde »Maria Magdalena mit dem Salbentopf« (s. S. 141) könnte diese Plastik des späten 15. Jahrhunderts aus dem oberschwäbischen Raum sein, die vermutlich den Heiligen Damian zeigt. Der Künstler blieb unbekannt, aber Formgestaltung und künstlerischer Ausdruck weisen die Skulptur als ein Werk der Hochgotik aus. Ihr Standort ist die Privatsammlung eines Landauer Apothekers.

obachtung exakt zu beweisen, in gewissem Widerspruch. Vor allem die den Pharmazeuten interessierenden Schriften über die Heilmittel und deren Gewinnung, Zubereitung und Prüfung verraten eine fast induktiv zu nennende Denkweise und damit Objektivität. Sein Satz »herbis non verbis curantur — mit Kräutern, nicht mit Worten sind die Menschen zu heilen« bezeugt überdies einen nüchternen, praktischen und auf das Greifbare gerichteten Sinn. Daß er dies alles unter dem Einfluß des Hippokrates auch noch philosophisch zu untermauern sich bemühte und als Kind seiner Zeit aus den ihm bekannten Denksystemen das Passende auswählte, sollte man ihm nicht zum Vorwurf machen. Vielleicht fällt des Pergameners ungeheure Bedeutung für die Heilkunde unter eine wissenschaftsgeschichtliche Gesetzmäßigkeit, die man kürzlich einmal als »Ideenansteckung« bezeichnet hat. Für die Ausbreitung einer neuen Idee sei neben ihrem großen Allgemeinheitsgrad und einer besonderen Aufnahmebereitschaft der Umwelt auch der Zeitpunkt ausschlaggebend, an dem sie für ungeordnete Einzelerfahrungen überzeugende Erklärungsmöglichkeiten biete (K. E. Rothschuh). So ist auch Galen nicht zu Lebzeiten »entdeckt« worden (selbst Todesort und -datum sind unsicher), sondern erst Generationen später. Man müßte daher Kritik denen angedeihen lassen, die sich sein Wissen und seine Theorien bedenkenlos zu eigen machten, sie zur Doktrin, ja zum Dogma erhoben, ohne um ihre Weiterentwicklung und Verfeinerung bemüht gewesen zu sein.

Wie hat sich die Geisteswelt zu Galen verhalten? In einer Gegenüberstellung einzelner, vielleicht typischer medizin- und pharmaziehistorischer Stimmen sei der Versuch gemacht, für eine eigene, zeitgemäße Stellungnahme Erkenntnisse zu gewinnen.

Der Medizinhistoriker J. Pagel schrieb, daß man nach Galen »mit wenigen Worten über die ganze Epoche vom 3. Jahrhundert n. Chr. bis zum 16. Jahrhundert . . ., das die Heilkunde genauso vorgefunden, wie sie das 3. verlassen hat« hinweggehen könne. So wenig sei in diesem langen Zeitraum von fast anderthalb Jahrtausenden an wirklich Brauchbarem zu registrieren. Die ganze Periode verdiene in wissenschaftlicher Beziehung nur flüchtige Berücksichtigung und habe allenfalls kulturhistorisches Interesse. Dieser summarischen Auffassung vom christlichen Mittelalter, seiner Pharmazie, Medizin und Naturwissenschaft hat kürzlich H. Schipperges widersprochen. Sicherlich, so meinte er, dürfe man »bei dem unreflektierenden und schematisierenden Bewußtsein des mittelalterlichen Geistes . . . keine historische Einstellung erwarten«, eine Einstellung also, die die Geschichte als Lehr- und Lebensmeisterin anerkannt hätte. Aber die Art, wie das Mittelalter antikes Wissen betrachtet habe, reiche schon aus, die geistige Größe jener Zeit sichtbar werden zu lassen.

Vor allem begründet die Zähigkeit, mit der das Mittelalter an Galen festhielt, die Auffassung, daß sich hinter der Fähigkeit, zu beharren, in Wahrheit die Unfähigkeit zu eigener schöpferischer Leistung verberge. So bemerkte Rudolf Virchow sarkastisch, es sei geradezu einem Sakrileg gleichzusetzen gewesen, an der Zuverlässigkeit Galens zu zweifeln. Bald fiel denn auch im Zusammenhang mit ihm das Wort vom Dogma und den Glaubensartikeln, die seine Äußerungen dargestellt hätten. Pagel krönte diese Auffassung mit dem Satz: »Nachdem Avicenna und Galen förmlich heiliggesprochen waren ...«! H. Schipperges meinte dazu, es lohne sich eigentlich nicht, diesen vergrämten Meditationen nachzugehen, wenn sie nicht immer noch von Historikern oder Studenten im Handbuch der Geschichte der Medizin vorgefunden würden.

Auch in der Pharmaziegeschichtsschreibung hat man nicht viel anders gedacht.

> »Mit Galen erblich der letzte, zugleich der leuchtendste Stern am Himmel griechisch-römischer Arzneikunde. Jahrhunderte vergingen, in denen wohl einige Lichter ihren Schein in die öde Dämmerung der Wissenschaft warfen, ein Schein, der tatsächlich erborgt, nur ein schwacher Abglanz der Sonne vergangener Zeiten war.« (Schelenz)

Und die Ursachen dieses bejammernswerten Verfalls der Wissenschaften? »Kabbala, magische Künste, philosophische und orientalische Phantasmen, von Sophisten geordnet, Theurgie (Götterbeschwörung), Dämonenglaube, Goeti (Zaubergeheul)« usw., sie alle sollten es gewesen sein, die zusammen mit dem Glauben heischenden Christentum Vernunft und Spekulation verboten hätten. Da »dem Walten der Vernunft und eigener Überlegung jedes Recht abgesprochen und nur blinder Glauben verlangt ward, wurde aus Glauben wüster Aberglauben« (H. Schelenz 1904).

J. Berendes faßt wenig später (1907) sein Urteil aber schon anders.

> »Galen bietet in der speziellen Pharmazie wenig Neues, die Arzneiformen und Zubereitungen sind dieselben wie bei den Alexandrinern ...! Das System Galens bildet den Abschluß der griechisch-römischen Heilkunde. Ein halbes Jahrhundert mußte erst vergehen, ehe Galen Anerkennung und Würdigung fand. Für die Erhaltung seiner Schriften haben wohl am meisten die Nestorianer in Syrien beigetragen, von wo sie zu den Arabern kamen.«

In diesen beiden Zitaten wird eine deutliche Verschiedenheit in der Beurteilung Galens sichtbar. Der eine macht ihn enthusiastisch — freilich ohne es recht zu merken! — zu einer absoluten Autorität. Der andere wägt die Dinge nüchterner, fast möchte man sagen moderner, und ist dabei gerechter. Galen war in der Tat nicht originell. Aber er sagte es auch oft genug selbst und betonte, daß er sein Wissen von den Alten habe. Er wollte in der Bahn, die Hippokrates angelegt hatte, bleiben, sie nur gangbar machen. Seine Lehre von den einfachen Heilmitteln stammt vornehmlich aus dem Werk des Dioskurides (1. Jahrh. n. Chr.), dessen »Materia medica« er in die Säftelehre der Humoralpathologen einzuordnen suchte. Dabei geriet allerdings des öfteren sein Sinn für Wirklichkeit mit seiner Phantasie in Konflikt. So ließ er z. B. bei einfachen Arzneimitteln als erstes recht objektiv deren pharmakologische Grundeigenschaften untersuchen, obwohl ihn diese nur insoweit interessierten, als sie mit den humoralpathologischen Elementarqualitäten (Warm und Kalt, Trocken und Feucht) in Einklang gebracht werden konnten. Davon ausgehend teilte er die Arzneimittel in drei Klassen ein:

Die Titelkupfer der Pharmakopoeen wurden vom 16. Jahrhundert an immer anspruchsvoller und spiegelten dabei das Stilempfinden ihrer Zeit. Das »Erneuerte Augsburger Arzneibuch« erlebte weite Verbreitung und mehrere Auflagen. In der Ausgabe von 1673 thront Hygieia zwischen Hippokrates und Paracelsus, zwischen den Vertretern der »natürlichen« und der »künstlichen« Heilung. Wenn auch die Bilder auf den Postamenten, der grasende Hirsch und das Innere einer Apotheke, scheinbar nichts miteinander verbindet, so belehrt die Unterschrift auf dem Sockelfuß, daß sie dennoch zusammengehören: Materia pharmaciae — Grundlage der Pharmazie!

1) Arzneimittel, die die Elementarqualitäten selbst darstellten; abgestuft von mit den Sinnen kaum wahrnehmbaren Wirkungen bis zur »Zerstörung« des Patienten.
2) Zusammengesetzte Mittel verschiedener Qualitätsgrade. (Ein bitteres Pharmakon hatte einen höheren Wärmegrad als ein süßes.)
3) Spezifische Mittel, die eine direkte Wirkung (z. B. Abführen, Erbrechen, Entwässern usw.) herbeiführten.

Eine Folge dieses Systems war der Gedanke, die Wirkstoffe der Simplicia miteinander zu kombinieren. So bereicherte Galen den vorhandenen Arzneischatz um die große Anzahl der »Composita«, der zusammengesetzten Mittel. Deshalb sprechen wir auch heute noch bei Arzneimittelkombinationen, die, auf empirischer Grundlage beruhend, relativ einfach, meist manuell, ohne größeren technischen und wissenschaftlichen Aufwand hergestellt werden können, von Galenika. Die Kunst, diese Mittel anzufertigen, sie nach modernen analytischen Methoden zu prüfen, nennen wir Galenik. Daneben entwickelte sich in jüngerer Zeit der Begriff der pharmazeutischen Technologie, womit man in erster Linie die ins Halbtechnische oder Großtechnische ausgeweitete Galenik bezeichnet.

Ebenfalls durch Galens Arzneimittellehre ist im Laufe der Jahrhunderte eine Handlungsweise in den pharmazeutischen Alltag eingedrungen, die heute wie ehedem eine Quelle täglichen Ärgers darstellt: Galen legte nämlich als erster in einer Liste Arzneimittel fest, die im Notfalle mit anderen ausgetauscht werden konnten. Diese — wie er sie nannte — Antiballomena (wörtlich: Dinge zum Dagegenwerfen), die man später mit dem Begriff des »quid pro quo — das eine für das andere« zu benennen pflegte, stellen die erste geschichtlich greifbare Anweisung zum Substituieren dar, d. h. an Stelle eines fehlenden Medikamentes ein anderes zu setzen. Diesem Vorgang kommt heute im Zeitalter der wortgeschützten Namen, hinter denen sich eine Vielzahl gleichartiger Substanzen verbirgt, eine besondere Aktualität zu. Denn dieses Problem wirft vom ethischen Standpunkt aus Fragen auf, die juristisch zwar kaum anfechtbar, dagegen wissenschaftlich und volkswirtschaftlich nicht zu rechtfertigen sind.

Schließlich scheint selbst das Wort »Apotheke«, das vor allem im germanisch-deutschen Sprachgebiet als Bezeichnung für den Pharmazeuten und seine Wirkungsstätte gebraucht wird, auf Galen zurückzugehen. Sicherlich hat der große Arzt nicht beabsichtigt, die Lagerstätte (ἀποθήκη) seiner zusammengesetzten und einfachen Heilmittel, die er in »ἀγγεῖα ξυλινά — hölzernen Büchsen« aufzubewahren pflegte, als Apotheke im heutigen Sinn zu deklarieren. Doch findet man hier zum erstenmal diesen Ausdruck. Auch für die Geschichte des alten Beschreibstoffes Pergament hat Galen eine gewisse Bedeutung, da wir von ihm erfahren, daß es in Pergamon (daher Pergament) noch im 2. Jahrhundert v. Chr. »ἐν διφθέραις — auf Häuten« geschriebene Texte des Hippokrates gegeben hat.

Die Pharmazie Galens ist zweifellos überholt worden. Die größeren wissenschaftlichen Probleme stellen sich seit Theophrastus Bombastus von Hohenheim, der sich »Paracelsus — Über-Celsus« nannte.

Die Grundelemente der Arzneikunst aber blieben stets die gleichen. Galen übergab sie uns und bewahrte damit dieses scheinbar einfache und elementare Wissen, um das die Antike in Jahrhunderten gerungen hatte. Seine Bedeutung für die Pharmazie ist daher nicht nur eine historische.

Arabische Pharmazie

Welche Rolle die Araber für die Pharmazie gespielt haben, was man unter Arabismus in der Wissenschaftsgeschichte versteht, das kann man nicht mit einem Wort sagen. Über beides zu schweigen aber wäre schlecht, weil der Leser den Schlüssel nicht fände, der ihm die Tür zum Verständnis für die Entstehung der mittelalterlichen und neuzeitlichen Pharmazie öffnet. Darum also in kurzen Zügen ein Wort über jene große Zeit arabischen Geistes.

Auf einem Holzschnitt in der ältesten deutschen Kräuterbuchinkunabel, dem 1485 bei Peter Schöffer in Mainz gedruckten »Hortus sanitatis«, sind die nach Ansicht des Autors Johann von Cube bewährtesten Meister der Arzneikunde zu sehen: Avicenna, Galen, Plinius, Dioskurides und Serapion. Am Anfang und Ende stehen also je ein Araber, in der Mitte zwei Griechen und nur ein Lateiner! In dieser Anordnung der Persönlichkeiten wollte man eine auf die geschichtliche Entwicklung der wissenschaftlichen Pharmazie hinweisende Symbolik erkennen (A. Adlung — G. Urdang). Kann man dieses Bild in der Tat so deuten, als habe im christlichen Mittelalter arabisches Wissen über die Natur und ihre Kräfte Beginn und Höhepunkt der Pharmazie dargestellt?

Der Kontakt der europäischen Geisteswelt mit der arabischen Literatur im 11. Jahrhundert, über den später ausführlich berichtet werden soll, stellt zweifellos nicht den Beginn des historischen Arabismus dar. Erst die Übernahme und völlige Assimilation des durch die Araber tradierten Wissens und die

Bildseite 29

Der große Lehrer der Botaniker und vor allem der Pharmakognosten ist bis auf den heutigen Tag Dioskurides von Anazarbei (1. Jahrhundert nach Christus) geblieben. Auf diesem Bilde, einem Einzelblatt aus dem Jahre 1229, läßt ein arabischer Künstler ihn einen Schüler, der eine Alraune in der Hand hält, unterrichten. Dioskurides wurde dabei in einen Araber verwandelt. Die aus dem Nordirak oder Syrien stammende Darstellung findet sich in einer im Topkapu Saray-Museum zu Istanbul aufbewahrten Handschrift.

darauf folgende geistige Auseinandersetzung, die man vom Beginn des 12. Jahrhunderts an beobachten kann, berechtigen, von Arabismus in pharmaziehistorischem Sinne zu sprechen. Seine Blütezeit liegt im 13., sein Welken am Ausgang des 15. Jahrhunderts, von einem Ende kann auch heute noch keine Rede sein (H. Schipperges). Aus der Definition des Arabismus ergeben sich zwangsläufig Fragen nach seiner Entstehung, seinem Wesensinhalt und historischen Ablauf. Sie kann man, ohne vorher einen wenn auch nur streifenden Blick auf die Entwicklung der arabischen Wissenschaften geworfen zu haben, kaum beantworten.

Der Beginn der arabischen Kultur ist nicht ohne weiteres mit der Begründung des Islam durch Mohammed gleichzusetzen, als dessen Anfang des Propheten Flucht von Mekka nach Medina gilt. In den auf die Higra (622) folgenden Jahrzehnten wurden durch Glaubens- und Eroberungskämpfe große Kulturgüter zerstört. Erst nachdem die Länder des Vorderen Orients, Arabien, Syrien, Persien, Ägypten und darüber hinaus Teile Vorderindiens unter der Herrschaft der Chalifen zusammengeschlossen worden waren und der Ommajade Muzawiyah (gest. 679) das Chalifat nach Damaskus verlegt hatte, begann eine kulturell fruchtbare Entwicklung. Besonders unter den Abbasidenherrschern, von denen Harun-al-Raschid (786—809) — Zeitgenosse Karls des Großen — auch im europäischen Bewußtsein lebendig geblieben ist, machte die Rezeption antiken, vornehmlich naturwissenschaftlichen und medizinischen Wissens große Fortschritte. Zwei äußere Ereignisse sind vor allem dafür entscheidend: Die Eroberung Spaniens durch die Araber (711) und die Verlegung des orientalischen Chalifats von Damaskus nach Bagdad. 762 hatte der erste abbasidische Chalif al-Mansur (754—775) mit der politischen Hauptstadt auch das geistige Zentrum der arabischen Bewegung an die Ufer des Tigris verlegt und damit auch die Wanderung der berühmten hippokratischen Schule über Edessa, Gundesapur, Nisibis, Damaskus, Antiochia, Harran vorläufig beendet. In dieser Schule war in Jahrhunderten das Wissen der Vergangenheit zusammengetragen und später in die Sprache der damaligen Welt, das Arabische, übersetzt worden. Sehr bald wuchsen Persönlichkeiten heran, die nicht nur einfache Übersetzer antiker Texte waren, sondern das Überlieferte zu verarbeiten, durch eigene Gedanken zu erweitern und zu entwickeln verstanden. Auf die Epoche der mechanischen Übernahme klassischen Wissens folgte die Zeit seiner aktiven geistigen Durchdringung und schließlich der höchst individuellen Reflexion.

Zum Ruhme Bagdads, der Mittelpunkt der damaligen Welt gewesen zu sein, trugen Namen wie der des Hunain ibn Ishaq (lat. Johannitius; † 873) bei, eines nestorianischen Christen, der die Werke des Oreibasios (326—403 n. Chr.) und des Paulus von Ägina (7. Jh. n. Chr.) übersetzte und die »Isagoge Johannitii in artem parvam Galeni — Einführung des Johannitius in die ›kleine Kunst‹ Galens« verfaßte. Al-Kindi (lat. Alkindus; † nach 870), ein Moslem, philosophierte über die Wirkung der Arzneimittel und versuchte dem Problem ihrer Dosierung auf mathematische Weise näher zu kommen. Von dem zum Islam übergetretenen persischen Christen Ali Rabban at-Tabari († nach 855) führte die Entwicklung zu den beiden bedeutendsten Erscheinungen der Blütezeit der arabischen Heilkunst,

Rhazes (Abu Bekr Muhammed ibn Zakariya-ar-Razi; genannt nach seiner Vaterstadt Raj in der persischen Provinz Chorasan; † 925) und Avicenna (Abu Ali ibn Sina; † 1037 in Hamadan). Der »Continens« (arab. al-hawi = Gefäß, Behälter) des Rhazes war das große Quellenwerk des Mittelalters. In einer ungewohnten und seltenen Vollständigkeit bemühte sich der Verfasser, die Herkunft seines Wissens nachzuweisen und Beobachtungen exakt niederzuschreiben. K. Sudhoff nannte Rhazes den größten Kliniker des Mittelalters im Morgen- und Abendland. Doch weit mehr als der Continens ist Rhazes' zehnbändiges Werk »Kitab at-tib al Mansuri — Handbuch der Heilkunde« im pharmazeutischen Bereich bekannt geworden, wo es die Jahrhunderte überdauerte. Schließlich aber überwog der Einfluß Avicennas. Sein »qanun fi-t-tibb«, was soviel wie ärztlicher Kanon im Sinne einer gesetzlichen Regel bedeutet, wurde das wichtigste derartige Werk des Mittelalters und ist es in der islamischen Welt bis an die Schwelle unserer Tage geblieben. Es zeichnet sich durch scharfe Disponierung des Stoffes, gute Einprägsamkeit und glänzende Darstellung aus. Sein Inhalt ist die Zusammenfassung und Verschmelzung des heilkundlichen Wissens von Hippokrates über Galen bis zu den Arabern. Der Klassiker unter den Pharmazeuten aber war Abu Zakariya Yuhanna ibn Masawaih, der die Rezeptarien des Mittelalters beherrschende Mesuë († 897). Er soll der Sohn eines »Apothekers« an der hippokratischen Schule zu Gundesapur und Leibarzt einiger Chalifen gewesen sein. Des öfteren wird er mit Mesuë dem Jüngeren, Pseudo-Mesuë, dem man in der modernen Forschung die Rezeptliteratur des Antidotarium Mesuë zuzuschreiben gewillt ist, verwechselt.

Der Entwicklung im Zweistromland steht die in Spanien, am Sitz des Chalifats in Cordova, nicht nach. Hier hatte sich das eindringende Arabertum allerdings mit einem älteren, fester gefügten Volkstum, lebendigerem christlichen Glaubensbewußtsein und einer im römischen bzw. westgotischen Reich gewachsenen Kultur auseinanderzusetzen. Im Entstehen der maurischen Welt wurde das »do, ut des«, die Gegenseitigkeit des Gebens und Nehmens, ein formender Faktor. Die Blüte des spanischen Arabertums liegt daher zeitlich später als die des orientalischen. Als ihren Höhepunkt kann man die Zeit der Regierungen Abdarrhamans II. (912—961) und Hakams II. (961—976) ansehen.

Unter den Wissenschaftlern in der Heilkunde ragte vor allem Albukasim (Abu-l-Quasim Chalif ibn Abbas az-Zarhawi; † 1013?) als bekanntester Chirurg hervor. Abenzoar (Abu Merwan ibn Zohr;

Bildseite 33

Oswald Crolls (geb. 1560 in Wetter bei Marburg, gest. 1609) »Basilica Chymica« erlebte eine Ausgabe, die der Marburger Professor für Chymiatrie, Johannes Hartmann, zwar bearbeitet hatte, die aber erst von seinem Sohne Georg Everhardt Hartmann zusammen mit Johann Michaelis herausgegeben werden konnte. Übersieht man einmal die alchemistische Symbolik, so werden die dargestellten Persönlichkeiten aus ihrer Geschichte heraus besonders aussagekräftig: Der sagenhafte Ägypter Hermes Trismegistos und der Araber Geber, der Römer Morienes und der Schotte Roger Bacon, der Spanier Raimund Lull und als Höhe- und Endpunkt der damaligen Entwicklung Paracelsus. — Eine Ahnenreihe, wie sie ähnlich auch die moderne Geschichts-Forschung noch aufstellt.

HERMES TRISMEGISTOS ÆGIPTI9
GEBER ARABS.
Cherubim
Seraphim
Throni.
Pater
SANCT9 Ɍ
FILIUS NATHIS
MESSIAS
DEUS
LUX INACESSA
HOMO
Dominationes
Potestates
Principatus
Virtutes
Archangeli
Angeli
In Sole et Sale naturæ sunt omnia.
MORIENES ROMANUS.
OSVALDI CROLLII VETT:
BASILICA CHYMICA
oder
Alchymistisch Königlich Kleynod:
Ein Philosophisch, durch sein selbst eigne erfahrung confirmirte vnd bestättigte Beschreibung vnd gebrauch der aller fürtrefflichsten Chimischen Artzneyen so auß dem Liecht der Gnaden vnd Natur genommen in sich begreiffent.
Neneben angehengtem seinem newen Tractat von den innerlichen Signaturn oder zeichen der dinge.
ROG. BACCHON ANGLUS.
Occultum fiat manifestum, et Viceversa.
Per elementorum conversionem Ternarius purificatus fiat MONAS.
R. LULLIUS HISPANUS.
TH. PARACELSUS GERMANUS.
LUMINIS NATURÆ BONUM FINITUM.
ORA ET LABORA
CABALA THEOLOGICA MAGIA ASTRONOMICA
REPUTANS OMNIA VANA PRÆTER AMARE DEUM ET ILLI SOLI SERVIRE.
HALCHYMIA MEDICA
Ignis
ANIMA
Animalia
Terra
Aqua
CORPUS
SPIRITUS
Aer
Cum Igne tandem in gratiam redit Aqua
Separate et ad maturitatem perducite.
Franckfurt bey Gottfried Tampachen.
(1629)
Michaelis.

† 1162), der den at-Teisir, eine Anweisung zum Gebrauch der Heilmittel, schrieb, war der Freund des für die mittelalterliche Geistesgeschichte bedeutenden Averroes (ibn Roschd). Letzterem, einem Philosophen, verdanken wir eine der wichtigsten und eigenwilligsten Interpretationen der Werke des Aristoteles, in der er sich des öfteren gegen Galen und für den Philosophen aus Stagira entschied. Ein Verhalten, mit dem zum ersten Male in der Geschichte die Unfehlbarkeit galenischer Lehrsätze in Zweifel gezogen wurde. Im Verein mit kritisch philosophischen Thesen über die Stellung der Religion trug diese Tatsache dem Averroismus selbst das Odium der Glaubensfeindlichkeit ein. — Einen der berühmtesten Namen hatte der in Cordova geborene jüdische Arzt, Mathematiker und Astronom Moses ben Maimon, genannt Maimonides (1135—1204), der nach Fostat (Alt Kairo) emigrierend die maurische Heilkunde an den Nil verpflanzte. — Als der hervorragendste Botaniker arabischer Zunge galt der in Malaga geborene Abu Muhammed ibn-al-Baitar († 1248). Sein Buch über die einfachen Heil- und Nahrungsmittel ist eine aus früheren Schriften zusammengestellte Kompilation. Doch die Beschreibung der Pflanzen beruht zum großen Teil auf eigenen Beobachtungen, die er während seiner Reisen nach Ägypten und Syrien gemacht hatte. Unter annähernd 2600 Heilstoffen beschrieb er etwa 1400 Pflanzen, 400 mehr als Plinius (23—79 n. Chr.) bekannt waren.

Aus der Frühgeschichte der Chemie und Alchemie wäre vor allem Abu-Musa-Gabir-ibn Hayyan (lat. Geber; um 760) zu nennen. Die im Mittelalter verbreitete mißbräuchliche Benutzung seines Namens hat im Laufe der Jahrhunderte zu einer allgemeinen Verwirrung geführt, die bis heute noch nicht völlig beseitigt werden konnte. Es wird am klügsten sein, den Platz des Gabir in der Geschichte erst dann festzulegen, wenn eine kritische Untersuchung aller arabischen Werke, die unter seinem bzw. dem Namen Geber überliefert sind, durchgeführt wurde.
Wie haben nun die arabischen Wissenschaften in die Entwicklung der christlich-europäischen Naturwissenschaften und ihrer theoretischen Fundierung eingegriffen? Wo sind die Kontakt- und Nahtstellen mit dem Abendland, über die der Strom heil- und naturkundlicher Kenntnisse ununterbrochen von den Anfängen der historiographisch erfaßbaren Menschheitsgeschichte über die Araber bis in unsere Zeit hinübergeflossen ist?

Bei einer Antwort müssen grundsätzlich zwei Entwicklungsstufen beachtet werden: Die mechanische Übersetzung der Texte und die geistige Auseinandersetzung mit ihnen. Geographisch sind die Schwerpunkte der ersten Stufe im allgemeinen identisch mit denen der zweiten. Sie sind in den beiden großen Übersetzerschulen, dem in Unteritalien gelegenen Salerno und dem spanischen Toledo, zu suchen. Doch zeigen beide wesentliche Verschiedenheiten sowohl hinsichtlich ihrer Entstehung als auch ihrer geistigen Fundamente.

Der Arabismus, wie wir ihn verstehen wollen, begann von hier aus das Denken und Handeln der abendländischen Naturwissenschaftler zu durchdringen. Er fand Eingang in die Aristotelesvorstellun-

gen der Scholastik, die nichtsdestoweniger in den arabischen Interpretationen eher eine Verfälschung der Antike und eine Abwertung des »neuen« Wissens als einen Fortschritt sah. Die oberflächliche Art, mit der man oft diese außerordentlich fruchtbare Periode der Rezeption antiken und arabischen Wissens für die europäische Wissenschaftsgeschichte glaubte abhandeln zu können, entsprach zwar einer verflossenen Geschichtsauffassung, wurde aber der Bedeutung jener Zeit nicht gerecht: Denn seit damals steht der abendländischen Pharmazie der nahezu vollständige Arzneischatz der Antike zur Verfügung. Sturzflutartig ergoß sich über die wenigen Pflanzstätten heilkundlicher Gelehrsamkeit, zu denen neben Salerno und Toledo die Medizinschule von Montpellier, die Universitäten von Paris, Padua und Bologna traten, eine Fülle medizinischen und pharmazeutischen Wissens. Die Namen wurden Legion: Zum Geber trat der Pseudo-Geber, zu Albertus der Pseudo-Albertus, zu Mesuë der Pseudo-Mesuë usw. An dieser Verwirrung tragen die Kompilatoren und Abschreiber des 14. und 15. Jahrhunderts zu einem großen Teil die Schuld. Der Kern der klassischen Methoden und Rezepte wurde mit einem kaum entwirrbaren Netz eigener Zutaten umwoben. Später erschwerte es das Schwinden allgemeiner arabischer Sprachkenntnisse, die Spreu vom Weizen zu trennen. Schließlich trug auch die Buchdruckerkunst dazu bei, Fehldarstellungen und Irrtümer schnell und weit zu verbreiten. Es entstand eine neue Art von Arabismus in der Heilkunde, für den einzelne deutsche Universitäten wie Tübingen als Hochburg galten. Die Auseinandersetzungen wurden ständig härter, die Gegensätze größer, und in den Argumenten war man immer weniger wählerisch. So betete eines Tages der lothringische Arzt Symphorien Champier (lat. Campegius; 1472—1533) förmlich zu Gott, daß er Tübingens Universität »more Parisiensium ab omni Mahumetensium medicorum haeresi liberet et praeservet — nach dem Beispiel der Pariser von aller Haeresie der arabischen Ärzte befreien und bewahren möge«. Es war der große Leonhard Fuchs (1501—1566), einer der Väter der deutschen Botanik, der den Wunsch des Lothringers Wirklichkeit werden ließ. Vielfach aber galten gerade die Apotheker auch weiterhin als eingefleischte Arabisten, und man nannte sie, die durch die »Schlechtigkeit der Araber verdorben« schienen, schlichtweg Ignoranten und Empiriker.
Trotzdem war dieses 16. Jahrhundert mit seinen Auseinandersetzungen um den sterbenden Arabismus die Geburtsstunde der pharmazeutischen Wissenschaftlichkeit in Europa.

Bildseite 37

Mörser und Buch — Wahrzeichen der alten und neuen Pharmazie! Geschicklichkeit und Experimentierkunst: »Hand anzulegen«, alles mit Bedacht und Überlegung auf dem festen Untergrund fundierten Wissens zu tun, haben die Apothekerkunst den exakten Naturwissenschaften zugeführt. So entstand letzten Endes auch die pharmazeutische Industrie, in der es große Betriebe gibt, die sich mit Bedacht als »überdimensionale Apotheken« bezeichnen.

Salerno und Toledo — Keimzellen pharmazeutischen Wissens

Aber kehren wir an den Beginn aller europäisch-christlichen Wissenschaften zurück! — Woher kommen sie eigentlich?

Wenn wir aus ihnen die Heilkunde im umfassendsten Sinne des Wortes herausgreifen, so gelangen wir bei ihrer historischen Betrachtung verhältnismäßig schnell an eine Grenze, vor der so etwas wie ein »Nichts« gewesen zu sein scheint. Die Quellen fließen spärlich, die Geschichtswissenschaften, die sich im allgemeinen mit der Geschichte der politischen, rechtlichen und kirchlichen Entwicklungen beschäftigen, berühren sie nur peripher oder handeln sie recht kursorisch ab. Das gilt vor allem für die Geschichte der Naturwissenschaften, insbesondere der Pharmazie, nicht ganz so für die Geschichte der Medizin. Dabei sollte man doch annehmen, daß die Beantwortung der Frage, von wem die Grundlagen unseres Wissens von der Natur übernommen wurden, eine der interessantesten ist, die es gibt; denn aus ihr sollte uns nicht so sehr eine an und für sich nutzlose Kenntnis einzelner Namen oder Daten zuwachsen, sondern die Erkenntnis, inwiefern Motive der Vergangenheit heute Beispiel und Lehre sein können, daß in der Erscheinung eines Vergangenen, so wie Jaspers meint, die zeitlose Idee wahrzunehmen sein müsse.

Deshalb ist auch die Idee der Heilkunde und ihrer Methoden keine Erscheinung, die nur einem Jahrhundert oder einer einzigen Epoche zugehört, sondern sie zieht sich durch die Menschheitsgeschichte, so weit wir diese kennen. Das frühe deutsche Mittelalter jedoch scheint sich in wesentlich primitiverer Weise mit ihr auseinandergesetzt zu haben als dies in anderen Zeitabschnitten der Fall gewesen ist.

So war z. B. die Konfrontation der orientalisch-arabischen Welt mit der Überlieferung der klassischen Antike, die in die Zeit von 600—700 fällt, zunächst entschieden fruchtbarer als der vergleichbare abendländische Prozeß. Wenn dieser Zusammenstoß auch bei den Arabern in der ersten Zeit mehr Zerstörung als Aufbau zur Folge hatte, so blieben sie doch im Bewußtsein ihrer Religion dem Neuen gegenüber selbständiger. Die Aufnahme antiken Wissens geschah bei ihnen aus einer geistigen Distanz heraus, und die notwendig folgende Auseinandersetzung war selbstbewußter als später in der christlich missionierten, abendländischen Welt. In einer Zeit, in der die Araber schon eigene wissenschaftliche Positionen bezogen hatten, begannen erst irische Mönche, deutsche Stämme zum Christentum zu bekehren. Ihre Klöster gelten heute nicht nur als Pflanzstätten, sondern auch als Bewahrer und Verbreiter des überkommenen Wissensgutes, das, gemessen an der Fülle dessen, was im Orient zur Verfügung stand, nur als dürftig bezeichnet werden kann.

Unsere Vorstellungen über die Zeit zwischen Spätrom und dem Anbruch des 2. Jahrtausends n. Chr. sind ganz allgemein dadurch charakterisiert, daß wir aus dem europäischen Kulturbereich einschlägige, schriftliche Zeugnisse kaum besitzen. Dieser Umstand mag z. T. aus Geschichte und Natur der benutzten Beschreibstoffe erklärbar sein. Da im Abendlande der leichter einer Zerstörung ausgesetzte Papyrus verhältnismäßig lange im Gebrauch war (in der päpstlichen Kanzlei teilweise bis in die Mitte des 11. Jahrhunderts), muß man mit einem starken Schwund von schriftlichen Zeugnissen durch natürlichen Verfall rechnen. Das wesentlich widerstandsfähigere Pergament kam zwar schon im 2. und 3. Jahrhundert n. Chr. für Handschriften, vom 4. Jahrhundert an für Bücher in Gebrauch, konnte jedoch den Papyrus nur langsam verdrängen. Die Araber dagegen kannten schon im 7. Jahrhundert dank ihren Kontakten mit China das Papier. Der Chalif Harun-al-Raschid (786—809) ordnete seine Verwendung in den Kanzleien des Reiches an, wodurch es allgemein gebräuchlich wurde. Sicherlich spielen diese Dinge keine allzu große Rolle. Jedoch hängt der Mangel an Schriftlichkeit des frühen christlichen Mittelalters auch hiermit zusammen. Die Frage bleibt allerdings offen, ob nicht mündliche Überlieferung diese Lücke in der Weitergabe der Wissenschaften hat schließen können. Ohne Zweifel ist das der Fall. Wir wissen, daß z. B. die Geschichte der Schutzpatrone der Ärzte und Apotheker, Kosmas und Damian, oder diejenige von Cyrus und Johannes zwischen dem 4. und 7. Jahrhundert nach der Überlieferung des Volkes von Kirchenvätern wie Augustinus, Evodius, Papst Gregor d. Gr. u. a. niedergeschrieben und durch Vorlesen verbreitet wurde. Auf ähnliche Art können wir uns auch die Weitergabe heilkundlichen Wissens denken. Die Theorie des Medizinhistorikers P. Diepgen, die Gedichtform, in die man das Wissen über die Heilmittel im Laufe des 9. und 10. Jahrhunderts verpackt hatte, sei eine Gedächtnisstütze gewesen, mag demnach unter dem Gesichtspunkt einer derartigen schriftlosen Weitergabe gesehen werden.

Die Rezeption des im arabischen Kulturbereich gespeicherten antiken und orientalischen Wissens durch das Abendland fand bevorzugt an zwei Orten statt, die für die gesamte Naturwissenschaft einschließlich der Medizin von größter Bedeutung geworden sind: die oben schon erwähnten Städte Salerno und Toledo.

Salerno, vielleicht schon vor der Jahrtausendwende eine Akademie der Medizin, gelegen in Süditalien am Golf von Paestum, ist in seinen Anfängen nicht ganz geklärt. Einige vermuten, daß die Gründung auf den Benediktinerorden und somit bis in die Frühzeit des Klosters Monte Cassino zurück-

Bildseite 41

In der einen Hand das Pistill, mit der anderen unterrichtend, so ist diese Lindenholzskulptur eine prächtige Verkörperung der Rolle, die der Mönch des Mittelalters in der Heilkunde gespielt hat: Beispiel und Lehrer zu sein! — Die gedrungene Holzplastik stammt aus der ehemaligen Apotheke des Schlosses Weinsberg im Mühlviertel. Auf ihrer Rückseite befindet sich ein Fach, das zur Aufnahme von Rezepten bestimmt war; die Blenden des Mörsers sind vergoldet bzw. versilbert. Das auffallende Mißverhältnis zwischen der Größe von Figur und Mörser hat die Vermutung nahegelegt, daß das Kunstwerk einst eine Tür der alten Weinsberger Schloßapotheke krönte.

geht (6. Jahrhundert). Geschichtlich greifbar wird Salerno aber erst im 10. Jahrhundert. Die Salernoforschung hat, einem Vorschlag des Medizinhistorikers K. Sudhoff folgend, die Gesamtepoche der Schule in drei Abschnitte eingeteilt:

1) Frühsalerno von den Anfängen bis 1100
2) Hochsalerno von 1100 bis 1220 und
3) Spätsalerno von 1220 bis ca. 1400.

Durch die Übersetzung der meist arabischen Texte hat sich »Frühsalerno« teilweise stärker in unser Geschichtsbewußtsein eingeprägt als »Hochsalerno«, in dem die eigentliche Rezeption und Verarbeitung des neuen Wissens stattfand. Der Grund dafür scheint in der »Gesamtsalerno« überragenden Persönlichkeit eines Mannes zu liegen, der in die Geschichte als Constantinus Africanus eingegangen ist. Konstantin, von arabischer Herkunft, war um 1010—1015 in Karthago geboren. Über die ersten Jahrzehnte seines Lebens sind wir wenig unterrichtet. Die Überlieferung ist z. T. durch spätere Chronisten verfälscht und entstellt worden. Es scheint zu stimmen, daß er etwa 1060 (nach anderen Angaben 1057) als umherziehender Arzneihändler nach Süditalien gelangte, wo er in Berührung mit der damals schon bekannten Schule kam, vor allem mit dem Langobarden Alfanus, einem berühmten Arzt und Arzneispezialisten, der später Erzbischof von Salerno wurde. Die Förderung, die Alfanus ihm angedeihen ließ, dürfte für ihn zum Beweggrund geworden sein, in Salerno zu bleiben. Konstantin (sein arabischer Name ist unbekannt) beherrschte viele Sprachen des Orients, u. a. Arabisch und Persisch neben dem Griechischen fließend. Seine Tätigkeit im Arzneimittelhandel hatte ihm darüber hinaus weitgehende naturkundliche und medizinische Kenntnisse vermittelt, die er durch die in Salerno vermutete Literatur glaubte vervollständigen zu können. Doch mußte er feststellen, daß es eine derartige kaum gab. Nach verschiedenen Darstellungen wandte er sich deshalb neben dem Studium der Medizin und der lateinischen wie italienischen Sprache vor allem dem Sammeln und Übersetzen arabischer Handschriften zu. 1070 wurde er anscheinend Christ, und Alfanus wies ihn an Desiderius, den damaligen Abt des Klosters auf dem Monte Cassino. Er siedelte später dorthin um und beschäftigte sich in der Stille seiner Zelle fast ausschließlich mit der Übertragung arabischer sowie syrischer Texte ins Lateinische. 1087 starb er in Monte Cassino.

Das Bild Konstantins ist im Laufe der Jahrhunderte in allen Farben gemalt worden. Enthusiasmierte Bewunderer wechseln mit gehässigen Feinden im Wettstreit der Darstellungen. Einer seiner erbittertsten Gegner war der Italiener Pietro d'Abano (1250—1315), der ihn heftig geistigen Diebstahls an arabischen Autoren bezichtigte: Er habe diese zwar übersetzt, ihre Werke aber als seine eigenen ausgegeben. Ein Vorwurf, der sich bis ins späte 19. und vereinzelt sogar 20. Jahrhundert erhalten hat. Mehrmals hat man sich für die »Ehrenrettung Konstantins von Afrika« eingesetzt, den man einen tollen Mönch, einen literarischen Dieb, einen unverschämten Plagiator, einen Räuber, der ernten wolle, wo er nicht gesät habe, und einen Renegaten genannt hat. In der Tat: Konstantin hat in einigen Fällen seinen Übertragungen den Namen des wirklichen Autors nicht beigefügt. Doch das ist ein Verhalten, das nicht zuletzt mit den politischen Verhältnissen und dem schroffen Gegensatz zwischen Islam und Christentum erklärt werden muß. Das Durcheinander im Meinungsstreit über Konstantin ist zweifellos durch ihn mitverschuldet, mindert aber in keiner Weise die überragende Bedeutung, die dieser Mann für Salerno und durch die Rezeption bislang verschollenen Wissens für die erwachende Geistigkeit des Hohen Mittelalters hatte.

Auch der Anschluß an eine versunkene medizinische und pharmazeutische Geisteswelt wurde durch ihn hergestellt. Das »Nichts« wich einer Fülle uralter und dennoch neuer Erkenntnisse. Galen und Hippokrates waren plötzlich »wieder da«. Die Übersetzung der ars medicinae des Galen, der Kunst der Medizin, auch in der »Articella« genannt, geht auf Konstantin zurück und vermittelt ein Bild der damaligen Pharmazie. Die »Mikrotechne« des Galen erfährt durch ihn ihre erste Übersetzung ins Lateinische. Die abendländische Ärztewelt wird mit unbekanntem Wissen überschüttet. Die Traduktion der »Pantechne« (der ganzen ärztlichen Kunst) des Hali Abbas († 994), die auch Vincenz von Beauvais (Ende des 13. Jhdts.) im 31. Buch seines »Speculum naturale« des öfteren benutzte, wurde Konstantins wichtigste Leistung. Im Soge seiner geistigen Aktivität entstanden Werke wie der »circa instans«, ein Buch für den »dringenden Bedarf« an einfachen Heilmitteln, ein Notfall-Lexikon früher europäischer Pharmazie, das dem Namen seines Autors Matthaeus Platearius (11. Jhdt.) bis zum Beginn der Neuzeit Aktualität verlieh. Der große Salernitaner »Antidotarius«, der jahrhundertelang als verschollen galt und erst vor wenigen Jahren in Basel wiederentdeckt wurde, zeigt in der Vielzahl der aufgeführten Mittel und der Autoren, auf die er sich stützt, die erstaunliche Breite des plötzlich vorhandenen Wissensgutes. Das anbrechende »Hochsalerno« wurde im griechischen Geiste zu einer »civitas Hippocratica« und war doch, wenn auch erweitert durch arabisches Ideengut, das Ergebnis einer christlich-abendländischen Entwicklung. Vor allem Mediziner erhielten hier ihre Ausbildung und verarbeiteten unter diesen Aspekten naturkundliche Erkenntnisse. Da man in Salerno die Werke der beiden größten Ärzte arabischer Zunge, Rhazes und Avicenna, noch nicht kannte, kehrte aber nur zum Teil ein Wissen zurück, das einst von den Küsten Italiens und der Magna Graecia ausgegangen war. So auch das des Galen, der die heilkundlichen Erfahrungen der griechischen und lateinischen Antike aufgenommen und in einer imponierenden schriftstellerischen Leistung verarbeitet und erhalten hatte. Selbst nestorianische, arabische, syrische und persische Übersetzungen hatten die Klarheit seiner Diktion nicht zu zerstören vermocht. Seine Autorität blieb unangezweifelt und wurde so vom Mittelalter angenommen. Der Einfluß der Konstantinischen Übersetzungen wirkte sich in den Lehren »Hochsalernos«, vor allem bei Urso Salernitanus und Magister Maurus aus. Letzteren, einen Mann von zwergenhaftem Wuchs, pries sein Schüler Aegidius: er sei an Gestalt zwar nur ein Zwerg, an Geist aber ein Gigant. — Weiteste Verbreitung erfuhr eine Gesundheitsregel in Versen, das »Reginen sanitatis salernitanum«, das in nahezu alle Kultursprachen der Welt übersetzt wurde. In der zweiten Hälfte des 13. Jahrhunderts bestand es aus 364 Versen, um im Laufe der Zeit auf etwa 3520 Verse anzuwachsen. Arnald von Villanova (ca. 1240 bis 1311) schrieb einen Kommentar dazu und gab ihm so besonderes Gewicht. Das Regimen sanitatis ist ein Beispiel dafür, wie man noch in der Scholastik an den Universitäten, genau wie im frühen Mittelalter, der »schriftlosen«

»Christus als Apotheker« — nahezu hundert solcher Darstellungen sind bekannt, von denen die abgebildete, ein 1662 datiertes Stammbuchblatt, Eigentum des Germanischen Nationalmuseums in Nürnberg ist. Der Vergleich zwischen Heilmittel für den Leib und solchen für die Seele liegt zu nahe, als daß die darstellende Kunst an diesem Motiv hätte vorbeigehen können. Die Vorstellung aber von einem remedium caeleste in der Hand des himmlischen Arztes selbst, ist nicht nur für die Menschen einer angeblichen frommeren Zeit als der unsrigen faszinierend.

Zeit, wissenschaftliche Erkenntnisse einprägsam in Gedichtform zu verbreiten trachtete. In dem medizinisch beeinflußten Salerno tritt die Bearbeitung rein naturkundlichen Wissens etwas zurück. Die Phänomene einer spekulativen Alchemie wie auch einer frühen Chemie scheinen nur am Rande interessiert zu haben.
Mit dem Bekanntwerden der Übersetzungen aus Toledo beginnt augenscheinlich eine zweite Phase der Entwicklung, die den reinen Naturwissenschaften gerechter wird. Die ältere Geschichtsschreibung hat über Toledo Ansichten vertreten, die erst in jüngster Zeit H. Schipperges widerlegt hat. Toledo, das eine bestimmte Geschichtsauffassung zum Zentrum der Schwarzen Kunst erklärt hatte, war den unterschiedlichsten Urteilen der Nachwelt ausgesetzt. In der Pharmaziegeschichte fand es kaum Beachtung.

Schicht um Schicht ist nun das verschüttete Wesen des mittelalterlichen Toledo freigelegt worden. Gerhardus Cremonensis ist die Gegenfigur zu dem Salernitaner Constantinus Africanus. Doch zwischen beiden besteht ein bemerkenswerter Unterschied: Im Gegensatz zu Konstantin ist der Langobarde der Kopf eines Übersetzerteams, seine Schüler sind Mitarbeiter und treten bescheiden hinter ihren Meister zurück. Es wird berichtet, daß Gerhard von Cremona auf Anregung Barbarossas nach Spanien gezogen sei, um die Werke des Ptolemaeus aus den Quellen kennenzulernen. 1187, genau 100 Jahre nach Konstantin, ist er gestorben. 71 Schriften sind verzeichnet, die auf ihn und seinen Kreis zurückgehen. Die »Mikrotechne« des Johannitius wurde von ihm als »Liber intraductorius« neu übersetzt. Nun nahm man auch die Übersetzung der Bücher von Rhazes und Avicenna ins Lateinische vor, wodurch diese ungeheuren Einfluß gewannen. Das Buch über die Medizin »an Almansur« (8. Jahrhundert) erhielt sein lateinisches Gewand, der »Kanon« Avicennas wurde für Europa entdeckt und erstmals zugänglich. Die »Materia medica« des Dioskurides, das aus dem 1. Jahrhundert n. Chr. stammende Botanikwerk, konnte allerdings erst nach Gerhard fertig übertragen werden. Die Simplizienlehre, die Lehre von den einfachen Arzneimitteln, erfuhr ihre Übersetzung, und die verwirrende Vielfalt der von den Arabern selbst entdeckten oder aus dem Fernen Osten übernommenen Stoffe wurde mit zum Ausgangspunkt der europäischen Pharmazie. Darstellungen chemischer Prozesse erlebten eine erste lateinische Interpretation, konnten aber nicht verarbeitet werden, da sie das Begriffsvermögen der Zeit überstiegen. Erst in der Scholastik begann man, sich mit ihnen auseinanderzusetzen, entdeckte aber bei dem Versuch, sie zu beherrschen, immer neue, größere Probleme. Das Phänomen »Chemie« konnte noch nicht erfaßt werden; die Mystik der Zeit und die Verwirrung, die das neue Wissen anrichtete, ließen es einfach nicht zu. Magische Vorstellungen überwucherten noch den realen Kern der Wissenschaften. Wenn auch die Araber Geräte und Apparate wie Topf und Retorte, Destillierkolben (Cucurbita und Alembik), Mörser, Stößer, Öfen, Schmelztiegel, Blasebalg, Zange usw. ebenso wie die Vorgänge bei Sublimation und Destillation, Schmelzen und Einengen von Substanzen kannten, so vermochten sie es dennoch nicht, sich z. B. von der Zahl »7« und ihrer schon aus assyrischer Zeit bekannten »bösen«

Rolle freizumachen. Derartiger Aberglaube wurde sogar in das pharmazeutische Denken der späteren Jahrhunderte übernommen.

In diesem Zusammenhang muß vor dem Trugschluß gewarnt werden, daß unsere genau definierten chemischen Substanzen bereits in Übersetzungen des 12. und 13. Jahrhunderts beschrieben worden seien. »Wenn man geglaubt hat, den klar und eindeutig bestimmten Produkten der modernen Chemie schon in den älteren Abhandlungen zu begegnen, so ist dieser Irrtum eben eine Folge unrichtiger Übersetzungen und voreiliger Beilegungen ...« (M. Berthelot).

Remedium Caeleste — das himmlische Heilmittel

Wenn hier von Galen, den Arabern, Salerno und Toledo erzählt wurde, so könnte der Eindruck entstanden sein, zumindest im späten Mittelalter hätten Medizin und Pharmazie eine unangefochtene Stellung im Volksbewußtsein gehabt. Aber ebenso wie mittelalterliche Geschichtsschreibung eine christlich gebundene Geschichtsschreibung und in vielen Fällen Geschichtstheologie war (F. Wagner), so ist mittelalterliches Heilungswissen meist Heilungsglaube. Nichts verdeutlicht das besser als die Wunderheilungen an Gnadenorten, deren Ursprung in der Frühgeschichte griechischer Heilkunde zu suchen ist, wo vor allem im Asklepioskult, in der Vorstellung von einem mildtätigen Heilgott und dessen Wirken, die Frühformen christlicher Heils- und Heilungsvorstellungen sichtbar werden. Die Tempel, in denen man Asklepios verehrte, wurden zu Stätten für Heilungsuchende; im Schlafe und durch kultische Handlungen, in Wirklichkeit wohl durch kluge Psychotherapie und diätetische Lebensweise, fanden Menschen Heilung und Linderung ihrer Schmerzen.

Der Einfluß der antiken Wunderberichte, der sogenannten Mirakelliteratur, der sich über die Kurorte und Heilstätten der römischen Kaiserzeit, literarisch über die griechischen Inschriftensammlun-

Bildseite 49

Um 1525 malte der Antwerpener »Meister der Groote'schen Anbetung« das heute im Städelschen Kunstinstitut zu Frankfurt hängende Bild »Anbetung der Könige«. Auf unserem Ausschnitt wird ein Glasgefäß gezeigt, in dem einer der Weisen dem Christuskind eine Kostbarkeit darbringt. — Wie soll man die Handbewegung des Kindes deuten? Ergreift oder segnet sie? — »Die Heiligen sind Duftstoffen zu vergleichen ...«

gen bis zu den Geschichten der frühchristlichen Heiligen, zu denen auch die der Patrone der Pharmazie Kosmas und Damian gehören, nachweisen läßt, fand in den deutschen Mirakelbüchern seine Fortsetzung. Ihr Wert als geschichtliche Quelle blieb freilich bislang umstritten, da die Frage wohl nie zu beantworten sein wird, ob ihr Inhalt Tatsache oder Legende ist.
Der Katalog der Leiden und Nöte, bei denen die Menschen beginnen, auf höhere Kräfte zu vertrauen, war zu allen Zeiten gleich. Daher ist auch die Art der Schilderung von Gebrechen, die meist in volkstümlicher Naivität erfolgte, zeitlos. Die ältesten deutschen Zusammenstellungen über Mirakel, also Wunderheilungen, sind vier Bücher, die über Ereignisse berichten, die sich am Grabe des Kölner Erzbischofs Anno II. zwischen 1183 und 1185 ereignet haben sollen. Um es vorwegzunehmen: Im engeren Sinne haben sie wenig mit Pharmazie zu tun. Das kann nicht verwundern, da ein Mirakel ja auch nur dann benötigt wird, wenn die Heilmittel der Natur versagen und einzig das remedium caeleste — das himmlische Heilmittel — zu helfen vermag. Infolgedessen tauchen hier Hinweise auf den Gebrauch von Medikamenten immer nur dann auf, wenn diese »irdischen« Maßnahmen nicht mehr hatten helfen können: Ein Beispiel ist die Inkubationsheilung (Heilung im Schlaf) eines verunglückten Knappen, dem in einer Traumvision Anno erschien. Der Chronist berichtet, er habe ein Gefühl gehabt »quasi unguendo palpare — als werde er mit Salbe eingerieben«. Ein anderes ist das einer durch Anno von Kopfschmerzen befreiten Frau, der in ähnlicher Weise der ganze Kopf gesalbt worden war. Der Fall eines Mannes aus Deutz bei Köln, der von scheußlichen Geschwüren an den Füßen geplagt war, scheint zunächst auf derselben Linie zu liegen. Dieser hatte sich schon häufig von der Kunst der Ärzte getäuscht gesehen (saepe medicorum arte fallebatur) und war mit Umschlägen (fomentis) und Zaubereien genarrt worden, bis ihn endlich eine Anrufung Annos heilte.

Für die Geschichtsschreibung sind die Schilderungen der wunderbarlichen Heilungen nicht erheblich, wohl aber die Zitierung der offenbar im Volksmund gebräuchlichen Begriffe wie ars medicorum (Kunst der Ärzte), praecantationes mulierum (Zaubersprüche der Weiber), und die Erwähnung der üblichen Behandlung mit fomentis (Umschlägen). Vor allem der stets sicher plazierte Ausdruck »ärztliche Kunst« gegenüber dem »Zauberwerk der Weiber« macht deutlich, daß man schon damals klar zwischen seriöser Heilkunst und Scharlatanerie zu unterscheiden vermochte. Berücksichtigt man zudem die Zeit der Niederschrift der Annomirakel (1183—1185), so bringen diese Äußerungen ein wenig Licht in die für uns noch dunkle Situation der heimischen Volksheilkunde jener Zeit.

Mehr noch als für die »Pharmazie« sind einige Nachrichten für die Geschichte der orthopädischen Technik von Bedeutung. So hätte, meint der Schreiber, ein Knabe aus Köln ein Bein und einen Fuß umsonst gehabt, wenn er nicht »palpite in tripletionam flexo incedere posset — mit gebogenem Knie auf einen dreibeinigen Schemel gestützt hätte einhermarschieren können«. Die einbeinige Stelzprothese, die sich aus dem Stelzenschemel (»Melkschemel«) entwickelte, scheint hier ihren Vorläufer zu haben. Ähnlich, aber unklarer, ist die Schilderung vom Schicksal einer Frau, die drei Jahre bettlägerig krank und so geschwächt war, »daß sie sich kaum mit Hilfe von zwei Schemelchen (scabellulis) kriechend fortbewegen konnte«. Scabellum ist die Verkleinerungsform von scamnum (Stütze, Lehne), eigentlich im Sinne von Banklehne. Das Wort erregt deshalb unsere Aufmerksamkeit, weil in ihm der Begriff der Krücke vorgebildet ist. Das gestatorium, die Sesseltrage, ist zwar bekannt, doch läßt die Erwähnung der sehr viel primitiveren Tragemöglichkeit in einem Leintuch (in linteo) erkennen, daß die Entwicklung auf diesem Gebiet nicht sonderlich groß war. Vom Normalfall scheint da berichtet zu werden, wo es heißt, daß eine Frau, die drei Jahre und sechs Monate gelähmt, so verkrüppelt war, daß sie »sich nicht anders als nach Art vierbeiniger Tiere (more quadrupedum) fortbewegen konnte«, also umherkroch. In seiner Einfalt fügte der Schreiber hinzu: »Nota qui legis mole miserie — der du das liest, achte auf die Last eines solchen Leidens«. — Auch von einer Art Armtragetuch berichtet er, das eine Frau aus Köln benutzte, »die einer Hand und eines Armes nicht mehr mächtig war, so daß sie ihn am Gürtel bzw. am Brusttuch aufgehängt tragen mußte«. Es dürfte sich hier um das auch schon bei Martial und Ovid erwähnte Busenband handeln, das zu starken Büsten Halt geben sollte. Lanfranchus beschrieb um 1300, also ein volles Jahrhundert später, ebenfalls eine ähnliche Bindenwicklung des Busens, die so lange durchgeführt werden sollte, »donec mamillae formam recipiant naturalem — bis die Brüste ihre natürliche Form wiedererlangt hätten«. Die Verwendung als Armtrageschlinge ist zumindest im Rheinlande erstmalig bezeugt.

Auch Nachrichten über den Bergbau im 12. Jahrhundert werden überliefert. Über das Schicksal eines jungen Mannes, »der aus Deutschland stammte, aber fern im Lande der Franken bei St. Gilles lebte und dort mit anderen Metallgräbern ein mühevolles Leben führte«, wird folgende Geschichte erzählt: Durch die unselige Habsucht der Sterblichen gezwungen, mußten sich die Bergleute an herabhängenden Seilen gleichsam wie in die Hölle hinunterlassen. Eine verwegene Kühnheit! Auch der vorgenannte Jüngling wurde auf diese Weise dort hinuntergeschickt. Da fiel ihm ein großer Stein so heftig auf die Hand, daß Haut, Fleisch und Nerven abgetrennt wurden. Der Stumpf war kraftlos und unbrauchbar. Natürlich wurde er nach Anrufung Annos geheilt und stiftete zum Dank als Votivgabe eine Hand aus Wachs. Bei dieser Schilderung sei auf das aufkommende Nationalbewußtsein des Schreibers hingewiesen, das zunächst nur angedeutet spürbar, jedoch, an anderer Stelle, wo von der Heilung eines Wassersüchtigen aus der Umgebung von Paris die Rede ist, sehr deutlich zutage tritt. Jener, der vergeblich das römische Kaiser- und fränkische Königreich durchzogen hatte, kam endlich

Bildseite 53

1775 malte der Engländer Jos. Wright ein Bild, das zwar durch Komposition und Farbe Alchemistenmilieu wiedergeben soll, aber sowohl für die Zeit als auch für das dargestellte Objekt keine echte Aussage bedeutet. Dem Mann, der mit wallendem Petrusbart und himmelwärts gerichtetem Blick für eine Offenbarung zu danken scheint, dürfte bei der Urineindampfung das Aufleuchten des Phosphors geglückt sein. Als Kupferstich (von W. Pether) ist dieses Blatt — auch seitenverkehrt — in mehreren Exemplaren erhalten.

zu Anno, wo er Hilfe fand, »ut Francia disceret Germaniam non esse a Deo relictam — damit Frankreich lerne, daß Deutschland nicht von Gott verlassen sei«. — Den breitesten Raum der Annomirakel nehmen Beispiele heilkundlicher Kasuistik ein. Die Skala der in einfacher, volkstümlicher Weise geschilderten Krankheiten reicht von Angina pectoris über Apoplexie, Muskelatrophie, Blasenstein, Zahn-, Kopf- und Fußschmerzen, Trismus usw. bis zur Malaria quartana. — Vor allem diese auf 1183/84 zu datierende Schilderung einer Malaria kann Aufmerksamkeit beanspruchen; denn sie ist eine der ältesten, vielleicht sogar die früheste einheimische Schilderung der klassischen Quartanmalaria: »Ein Mann aus Thüringen namens Neidhard wurde seit anderthalb Jahren von einem unheilbaren viertägigen Fieber gequält. Hilfe und Rat der Ärzte hatten versagt.« — Typisch für den Grad an Einsicht in die Ätiologie ist, daß man den Zusammenhang verschiedener Symptome einer Krankheit noch nicht zu erkennen vermochte. So litt der Fischer Wolpert aus Köln an dreifacher Krankheit. Er war vom Teufel geplagt (maligno) und von einer Rippenfellentzündung (pleusiri) nebst starkem Fieber (febrium ardore) aufs Bett geworfen worden. Die Diagnose: Pleuritis (Rippenfellentzündung) mit Fieber und Delirien! — Beispiele von einem gelähmten Manne, der an »dreifacher Krankheit« litt (er war an einem Fuß gelähmt, hatte einen Arm verkürzt und einen Sprachfehler — lingue nodis constrictus — durch Knoten der Zunge gelähmt), oder eines Jünglings, den eine Tuberkulose mit Blutstürzen und hohem Fieber gepackt hatte, oder von einem Mann, der so von Kopfschmerzen geplagt wurde, daß er sein Gehör verlor, also ebenfalls »zwei Übel« zu ertragen hatte, zeigen überdies, daß man es zwar mit laienhaften, aber scharfen Beobachtungen zu tun hat. Die Schilderung eines Gangräns (ignis sacer — heiliges Feuer — Gasbrand) vermittelt einen Einblick in die bei aller Einfachheit des Wissens doch erstaunlich einprägsame und bildhafte Ausdrucksweise jener Zeit: »Ein Mädchen wurde seit vier Jahren durch die Fäulnis eines Fußes ›tamdiu coquebatur‹ (wörtlich: gekocht; übertragen: gequält oder gemartert), daß die drei größeren Zehen bis weit hinauf abgefallen und von der Fäulnis schreckliche Löcher zurückgeblieben waren.« Kein Umschlag konnte da helfen. Dank der plastischen Schilderung ist die Diagnose für uns eindeutig und nicht zu verfehlen. — Aus der Vielfalt der Krankheitsbeschreibungen seien um ihrer Bildhaftigkeit willen Beispiele von Wassersüchtigen herausgegriffen, von denen es u. a. heißt: »vir toto ventre in modum lagene distentus erat — ein Mann war am ganzen Bauch wie ein Weinfaß aufgetrieben«; andere waren »in modum dolie« — also ebenfalls »wie bei einem Faß« angeschwollen.

Aus dem Gebiet der Augenheilkunde sind Schilderungen von Verletzungen der Augen und ihrer Heilung ebenso vertreten wie bis in Einzelheiten beschriebene Sensationen bei Erblindungen. — Frakturen, Verletzungen, Verbrennungen, Epilepsie, Lahmheit, Blindheit, Taubheit, selbstverständlich auch die Erweckung vom Tode, finden sich in diesem Register der mirakulösen Heilungen.
Die Ponderation, d. h. der Brauch des Aufwiegens erkrankter Menschen mit einer gleich großen Opfergabe an Wachs, Silber, Weizen oder Gold ist uralt. — Seit den Martinsmirakeln des Gregor von Tours kennt man ihn auch in der Hagiographie des Mittelalters. Es will scheinen, als besäße man im

Annomirakelbuch die ältesten Belege dafür, daß diese Sitte auch in Deutschland, zumindest im Rheinland, üblich war. 1184 kamen aus Wipperfürth Männer mit ihren Frauen zum Kloster Annos nach Siegburg. Ehrfurchtsvoll traten sie in die Kirche, und nachdem sie Gebete und Opfer dargebracht hatten, legten sie auf die eine Waagschale einen Knaben, auf die andere Brot. Sie machten das so lange, bis Gleichgewicht zwischen dem Knaben und dem Brot herrschte. Als man sie fragte, welches der Grund für ihr Tun sei, sagten sie: »Ihr Herren, dieser Knabe war lange von Fallsucht geplagt. Auf die Hilfe des hl. Anno vertrauend haben wir gelobt, ihn, wenn er auf Annos Verdienste hin geheilt würde, zu dessen Grab zu führen, um ihn mit dem geopferten Brote aufzuwiegen«. Insgesamt werden fünf solche Ponderationen erwähnt, die dreimal mit Weizen durchgeführt wurden, für den man den Geldwert erstattete. — Bei den Sterbegebräuchen wird man auch an hygienische Probleme herangeführt. Gemäß alter Sitte legte man die Kranken, die dem Tode nahe waren, vom Bett auf Stroh nieder. Die Annomirakel geben hierüber etwa zwanzigmal Bericht. Der älteste Fall ist der eines kleinen Jungen, der 1183 »iuxta more morientium super stramen ut plerisque moris est — nach der Sterbesitte auf eine Strohschütte, so wie es bei den meisten üblich ist« niedergelegt wurde. Dem Sterbenden gab man eine Kerze in die rechte Hand. Der Aufbahrung auf Stroh dürften nicht nur praktische, sondern unbewußt wohl auch hygienische Motive zugrunde gelegen haben, da man nach dem Tode alles verbrannte, was mit dem Sterbenden in Berührung gekommen war.

Die voranstehenden Beispiele stellen nur eine Auswahl aus der Fülle der Berichte dar und verdeutlichen nur einen Teil der Probleme. Man muß jedoch den geschichtlichen Wert derartiger Mirakelsammlungen im Zusammenhang aller in ihnen enthaltenen Aspekte suchen, von denen die naturwissenschafts-, pharmazie- und medizingeschichtliche Seite nur eine von vielen ist. Gebannt sehen wir auf die bekannten großen Zeugen und Zeugnisse dieser frühen Zeit, z. B. die Bücher Hildegards von Bingen, die zu Annos Kloster direkte Beziehungen hatte, und deren Sterbestunde wenige Jahre vor der Niederschrift der Annomirakel liegt. Es ist die Epoche der Vorscholastik, und darüber hinaus die Zeit der europäischen Heilkunde, die von Allahs Sonne und ihren Strahlen kaum oder noch gar nicht beschienen war. Der kräftige Glaube an die göttliche Macht des Wunders mußte die fehlenden wissenschaftlichen Kenntnisse ersetzen. Vielleicht ist unsere Zeit in der Lage, die Tiefe einer Allegorie zu erfassen, die sich in dem 1186 von Lamprecht von Lüttich niedergeschriebenen Buch über die Mirakel des Apostels Matthias zu Trier verbirgt:

> »Die Heiligen sind Duftstoffen zu vergleichen, solange diese in Büchsen verschlossen sind, riechen sie nicht, erst wenn man sie öffnet, zeigen sie ihre Kraft.«

Ein frommes Gleichnis, dessen Zauber und Bildhaftigkeit der Welt der Apotheke entnommen zu sein scheint.

Pieter Breughels d. Ä. (ca. 1520—1569) Alchemistenküche sollte man anders betrachten als die üblichen Bilder aus jenem Milieu. Seine Tendenz, alles ein wenig spukhaft und im Spiegel der Kritik zu zeigen, ist in obiger Darstellung, die bei H. Cock (etwa 1530) nach dem Original gestochen wurde, unverkennbar. Das Ganze ist unwirklich und übertrieben und scheint dazu gemacht, abzuschrecken. Selbst die spielenden Kinder im linken und die Hospital-Aufnahme im rechten Hintergrund verstärken einen derartigen Eindruck eher, als daß sie ihn abschwächten. Das quirlende Leben der Alchemistenwelt vermochte den Maler augenscheinlich zu inspirieren, aber nicht zu überzeugen. Diese Skepsis ist es, die dem Bilde seinen Stempel aufdrückt.

Alchemie — Magie — Pharmazie

Da auch heute noch die Vorstellung weit verbreitet ist, Alchemie und Magie seien — nicht zuletzt im Reiche der Pharmazie — das Sinnbild der Scharlatanerie des Mittelalters und vorzüglich der Renaissance, liegt es nahe, diesem reizvollen, ewig jungen und oft auch von heftigen Kontroversen begleiteten Thema ein wenig nachzugehen.

Was den Begriff der Renaissance in diesem Zusammenhang angeht, so sollte er nicht allzu eng gefaßt und keineswegs allein auf den danach benannten Zeitabschnitt beschränkt, sondern dem Wortsinn nach als »Wiedergeburt« in allen Bereichen interpretiert werden. Gerade die Verallgemeinerung des im engeren Sinne gebrauchten Ausdrucks Renaissance, mit dem man die zu Beginn des 16. Jahrhunderts neubelebte Kunst der Antike meinte, während die vom gleichen Geist getragene »Freisetzung« der Wissenschaft mit Humanismus umrissen wurde, hat zu einer Unterschiedlichkeit in den Auffassungen über die Stellung, die die Renaissance als Kulturepoche einnimmt, geführt. Hinzu kommt, daß bei diesen Erwägungen und Definitionen Überlegungen künstlerischer und philologisch-philosophischer Art im Vordergrund standen, die der Entwicklung der Naturwissenschaften, mochten diese angewandter oder reiner Natur sein, weniger Rechnung trugen.

Bevor aber versucht wird, hierauf näher einzugehen, soll auf eine andere, frühere Kulturepoche hingewiesen werden, die ebenfalls den Namen Renaissance trägt und eine nicht unwesentliche Rolle, die noch der systematischen Erforschung harrt, gerade in der Geschichte der Pharmazie und Medizin gespielt haben dürfte. Die karolingische Ära (800—900) verkörpert mit der Annahme platonischen Denkens, der Entdeckung, daß Naturphänomene in sich etwas Vernünftiges sind, und mit der Ausdehnung antiken Gedankengutes auf naturwissenschaftliches und medizinisches Gebiet eine Geisteshaltung, die mit Recht ebenfalls eine Renaissance genannt wird. Handschriftliche Zeugnisse aus jener Zeit sind äußerst selten. Die bekannten Texte wurden kaum auf ihren pharmaziehistorischen Wert überprüft. Selbst die Schriften des Hrabanus Maurus (776—856) warten noch auf ihre fachliche Kommentierung. Neue Funde werden hin und wieder gemacht, so entdeckte man z. B. eine Handschrift aus dem 8. Jahrhundert, die als Einband für ein Buch dienen mußte, das 1502/03 in Straßburg gedruckt worden war.

Die durch die karolingische Renaissance ausgelöste geistige Bewegung in der Pharmazie fand im 12. und 13. Jahrhundert in Deutschland bei Hildegard von Bingen ihre Fortsetzung. Zwar lassen die Werke Hildegards eine saubere, theoretisch-wissenschaftliche Anlage noch vermissen, doch nichtsdestoweniger stellen sie die Verbindung zur Naturkunde der Frührenaissance dar. Diese neue Phase abendländischer Geistesgeschichte leitete Albertus Magnus, der große deutsche Dominikanermönch, ein. Man kann nicht von der Alchemie sprechen, ohne über Albert den Großen (dem übrigens als einzigem unter den Männern der Wissenschaft der Beiname »der Große« verblieb) zu berichten. Denn der Lehrer des Thomas von Aquin wurde zeitweise zum Meister der Magie gestempelt und unter seinem Namen Schriften gefälscht, die selbst neueste wissenschaftliche Lexika als von Albert stammend einer staunenden Mitwelt überliefern. Das Leben Alberts von Bollstädt (sein Geburtsjahr wird mit 1193, 1206, auch 1205 und 1207 angegeben) erfüllte sich in einer politisch und geistig äußerst lebhaften Zeit. Sein Geburtsort war Lauingen a. d. Donau; über seine Familie ist praktisch nichts bekannt. Der Eintritt Alberts in den Dominikanerorden (Ordo Praedicatorum) fällt wahrscheinlich in die Zeit eines Studienaufenthaltes in Padua. Von den vielen Orten, an denen er sich aufgehalten hat, scheint ihm Köln der liebste gewesen zu sein. Selbst die Bischofswürde von Regensburg (1260—1262) legte er wieder ab, um nach Köln zurückkehren und dort arbeiten zu können. Nach seinem Tode am 19. November 1280 wurden seine Gebeine im Chor der Kölner Dominikanerkirche beigesetzt und nach deren Abbruch in den Chor der Andreaskirche zu Köln übergeführt, wo sie sich noch heute befinden.

Schon zu seinen Lebzeiten genoß er eine außerordentlich hohe Wertschätzung, die später Dante veranlaßte, ihn im zehnten Gesang des »Paradieses« zu nennen und ihm einen Platz im Sonnenkreis anzuweisen, der den Glaubenslehrern vorbehalten ist. Dante läßt dabei Thomas von Aquin auf Albert deuten und sagen:

> »... Er, der zu Rechten mir am nächsten steht, war Bruder mir und Meister, es ist Albert von Köln.«

Die Bedeutung, die Albertus für die Alchemie hat, ist zweifach: Die Erklärung, Erweiterung und teilweise auch Übersetzung der Aristotelischen Schriften, die er auf Wunsch seiner Ordensbrüder vorgenommen hatte, stellt eine hervorragende Leistung der naturwissenschaftlichen Renaissance dar. Gerade diese Arbeiten aber, von denen hier besonders die Bücher über die Physik, Mineralogie (»Chemie«) und Pflanzenkunde interessieren, wurden zu Ausgangs- und Bezugspunkten späterer alchemistischer Schriften und Spekulationen, die nicht selten unter Alberts Namen erschienen. Zu ihnen gehört vor allem das Buch »De alchemia«, das allgemein, aber fälschlich, Albert zugeschrieben wird. In der Einleitung zu seiner »Physik« stellte er klar, daß er die Absicht hatte, seinen Ordensbrüdern ein Buch an die Hand zu geben, »in dem sie die ganze Naturwissenschaft hätten und nach dem sie

Bildseite 61

Eines der bekanntesten Gemälde, das Alchemisten bei der Arbeit zeigt, ist das von Thomas Wyck (1616—1677). Die Auffassung des Künstlers ist nicht nur zeittypisch, sondern auch symbolträchtig, weil sie weniger das Experimentieren als vielmehr das Studieren in den Vordergrund stellt. Damit ist der Umbruch von der Alchemie der Scharlatane und Empiriker zur Chemie der Wissenschaftler angedeutet.

auch die Bücher des Aristoteles richtig verstehen könnten«. Ihm ging es um das wissenschaftliche Phänomen an sich, wenn er an einer Stelle sagte, daß es nicht Aufgabe der Naturwissenschaft sei, einfach das Erzählte zu sammeln, sondern man müsse auch die Ursachen in den Dingen der Natur aufspüren. Das Wort »Affinität«, mit dem heute die Tendenz chemischer Körper, sich miteinander zu verbinden, umschrieben wird, das sich auch schon in Alberts Schriften findet, hat Anlaß zu weitschweifigen Spekulationen gegeben. Das Vorkommen des Wortes allein genügt jedoch nicht, um behaupten zu können, er habe das chemische Phänomen gemeint. Ähnlich verhält es sich mit dem Wort »alchemia«, das zuerst bei Julius Maternus Firmicus im 4. Jahrhundert n. Chr. vorgekommen sein soll. Die Kunst, die es bezeichnet, war zweifellos allen alten Kulturvölkern bekannt und ebenso ihre Problematik. Albertus Magnus lehnte daher in dem Buch »de mineralibus« die Geheimniskrämerei der Alchemisten entschieden ab, obwohl er von der Möglichkeit einer Verwandlung der sogenannten Elemente zutiefst überzeugt war. Roger Bacon (1214—1294) dagegen unterschied schon eine theoretische und praktische Alchemie, wobei die praktische die Herstellung edler Metalle lehre.

Dieser Glaube an die Transmutation der Metalle hat sich durch die Jahrhunderte erhalten, so daß es nicht verwundert, wenn noch im 16. Jahrhundert Luther folgender Satz zugeschrieben wurde:

> »Die Kunst der Alchemey ist recht und wahrhaftig der alten Weisen Philosophey, welche mir sehr wohl gefällt, nicht allein wegen ihrer Tugend und Nützlichkeit, die sie hat mit destillieren und sublimieren in den Metallen, Kräutern, Wassern und Olitäten, sondern auch wegen der herrlichen schönen Gleichnis, die sie hat mit der Auferstehung der Toten am jüngsten Tage.«

Und noch im Jahre 1826 schrieb der Marburger Ordinarius für Pharmazie und Chemie, Ferdinand Wurzer, der Vorgänger Robert Bunsens, in seinem Handbuch der Chemie:

> »Ich gestehe freimütig, daß ich durchaus nicht begreife, wie man die Möglichkeit der Metallverwandlung bestreiten kann.«

Der Student des Atomzeitalters wird diesem Satz ohne zu zögern zustimmen!

Es ist übrigens ein Irrtum, zu glauben, daß zwischen Religion und Alchemie grundsätzlich und von Anfang an Gegensätze bestanden hätten. Die alchemistischen Bücher wurden meistens mit der Anrufung Gottes eingeleitet. Darin Tarnmanöver gottloser Spötter sehen zu wollen, geht an der Sache vorbei. Die teilweise unverständliche Sprache der Alchemisten nur mit Okkultismus zu erklären, ist ebenso abwegig wie der Versuch, die Alchemie als permanente Geheimtradition zu deuten.

Wenn man so will, kann man es als eine gewisse Tragik bezeichnen, daß die Leistungen Alberts des Großen auf dem Gebiet der Naturwissenschaft von seinen Nachfolgern nicht erkannt wurden. Die albertinische Vorstellung von der Kunst der Alchemie ist ohne Zweifel eine Vorläuferin der Ideen moderner naturwissenschaftlicher Forschung. So wie er die Pflanze nicht nur als Heilmittel betrachtete, sondern sie vor allem um ihrer selbst willen und zur Ergründung der ihr innewohnenden Problematik studierte, so ging es ihm in der (Al)-Chemie um das noch unbegreifliche Phänomen der Transmutation. Hierin unterschied er sich von den späteren »klassischen« Alchemisten. So fand ausgerechnet die »seriöse“ Alchemie gewissermaßen ihr Ende in der Scholastik. Dieser langsame Niedergang war von Erscheinungen begleitet, die Erasmus von Rotterdam im 16. Jahrhundert veranlaßten, erbost auszurufen:

»Alcumisten — Erznarren!

Die Alcumisten, die mit neuen und verborgnen Künsten sich understehen, die Art und Natur der Dinge zu verkehren; aus Blei Silber machen — aus Kupfer Gold und jagen nach dem fünften Wesen — und Essenz aus dem Erdreich und Moor. Diese säugt sogar eine süße Hoffnung, daß sie weder Mühe noch Unkost nicht reuet. Und mit wunderbarlichen Fünden erdichten sie allzeit etwas Neues, damit sie sich zuletzt betriegen. Jedoch in selbs der Betrug angenehm machen, so alle Ding verzehret und verschwendet, bis nichts mehr übrig ist; — damit sie itzt das Schmelzöfflin voll zu richten. Jedoch hören sie nit auf in guten Träum zu träumen. Auch die andern, so viel inen müglich ist, zu dieser Kunst und Glück ain Hertz machende. — So sie nun zuletzt aller Hoffnung werden entsetzt, so ist doch noch ain Sentenz überig gar ain großer Trost, nämlich es sei genug, so ein Gross und Dapfers sich understanden zu haben. — Dann schelten sie die Kürtze des Lebens, als die der Größe des Geschäftes nit genug sei.«

Das also, was zur Wissenschaft hätte werden können, war zur Scharlatanerie geworden: Der »Stein der Weisen«, der Stein I. Ordnung, wurde zum Großen Elixier, zur Roten Tinktur — und schließlich zu Gold. Der Stein II. Ordnung dagegen zum Kleinen Elixier, zur Weißen Tinktur — zum Silber. Die Rote Tinktur aber war die Panazee, d. h. das Allheilmittel, das aurum potabile (Trinkgold), das die Kraft der Verjüngung in sich barg.

In der auf die Scholastik folgenden Frührenaissance verlor die echte Alchemie vollends ihr Gesicht. Pseudo-Schriftsteller beherrschten das Feld. Unter den Namen der Großen veröffentlichten sie ihre Traktate, die oft gänzlich unverständlich und immer geheimnisvoll waren und zur Verwirrung beitrugen. Das naturwissenschaftliche Experiment war nicht mehr ein Mittel der Forschung, sondern galt als nebulöser Schwindel und Betrug. — In jener Zeit schrieb einer der unruhigsten Geister des aus-

Bildseite 65

Willem van Mieris (1662—1747) malte den »Scharlatan«. Seine Zeit ist eine Epoche des scheinbaren Niederganges nicht nur der wissenschaftlichen Pharmazie, sondern auch des europäischen Apothekenwesens. Auswüchse wie die »Paullinische Dreckapotheke« des Frankfurter Arztes mit ihren abstoßenden »Arzneien« oder der an den Universitäten wuchernde Polyhistorismus täuschen aber nicht darüber hinweg, daß bereits ein neuer Abschnitt in der Geschichte des Pharmakons begonnen hatte. Die Periode naturwissenschaftlicher Lehren, z. B. der Phlogistontheorie Georg Ernst Stahls oder des Linnéschen Sexualsystems der Pflanzen, das zur modernen Pflanzensystematik führte, sind Zeugen dieser Entwicklung, an der gerade auch die deutsche Apotheke großen Anteil hatte.

gehenden deutschen Mittelalters ein Buch, das den Titel trug: »De vanitate et incertitudine scientiarum«. Der Autor war Heinrich Cornelius, genannt Agrippa von Nettesheim, der am 14. September 1486 in Köln geboren wurde. Nach einem abenteuerlichen Leben als Arzt, Jurist, Philosoph, Schriftsteller, kaiserlicher Feldhauptmann starb er am 18. Februar 1535 in Grenoble. Über sein Leben und sein Werk gibt es die widersprechendsten Meinungen. Die einen nennen ihn einen »wissenschaftlichen Hochstapler«, die anderen einen »Vorläufer von Paracelsus«.

Agrippa war im Jahre 1507 nach Paris gezogen und hatte dort eine Gesellschaft zum Studium der Alchemie gegründet. In seinen Briefen rühmte er sich seiner Kenntnisse verborgener Dinge, und man sagte ihm nach, daß er ein Mann der »Großen Werke« sei, d. h., daß er Gold machen könne. Dieser Nimbus weckte bei den Mächtigen der damaligen Welt den Wunsch, sich seiner zu versichern, was des öfteren seine Freiheit in Gefahr brachte. Die von ihm gegründete geheime Gesellschaft scheint sich über Deutschland, England, Frankreich und Italien verbreitet zu haben. Freilich brachte ihm dieses Unternehmen keine Reichtümer ein; denn er kehrte bald aus Geldmangel nach Köln zurück. Mit seinen Büchern aber setzte er sich ein bleibendes Denkmal. Das berühmteste ist sein Werk über Magie, die »Occulta Philosophia«.

Gleich im ersten Satz der »Geheimen Philosophie« verwahrte er sich gegen die Unterstellung, er wolle Magie im üblichen Sinne betreiben. Unter einem Magier, als den er sich selbst ausdrücklich bezeichnete, verstand er einen »Weisen, einen Priester, einen Propheten«. Böswillige sollten erst gar nicht seine Schriften lesen; die anderen — wenn sie etwas fänden, was ihnen mißfiele — bat er, es zu übergehen. Sie sollten deswegen aber nicht den Inhalt des ganzen Buches verwerfen; »denn auch die Schriften der Ärzte sprächen sowohl von den Heilmitteln als auch von den Giften ...«

Agrippas Meinung über das innerste Wesen des Medikaments wurde von der Ahnung bestimmt, daß es eine unbestimmte, mystische Kraft geben müsse, die für Erfolg oder Mißerfolg einer Arznei entscheidend sei. In »de occulta philosophia« bezeichnete er diese als magisch. Aber er führte ihre Wirkung auf die Kraft des Glaubens, also die des Glaubenkönnens und Glaubenwollens, zurück. Das wird deutlich, wenn er auf die beiden Hilfsmittel der zeremoniellen Magie, Superstition (Aberglaube) und Religion, zu sprechen kommt. Er behauptete, eine standhafte Gläubigkeit könne selbst bei falschen Diagnosen und Operationen Wunder wirken. Das alles hat man bis vor kurzem zum Anlaß genommen, Agrippa in ein Entwicklungsschema zu pressen, das von »Leichtgläubigkeit« über »Unglauben« bis zur »Scharlatanerie« reicht, und lange gemeint, Auffassungen wie die Agrippas gehörten grundsätzlich zum Volksglauben und seien unseriös. Man wagte es in einer Zeit naturwissenschaftlicher Aufklärung nicht mehr, die in »magischen« Dingen liegenden Möglichkeiten auszusprechen, weil man fürchtete, sich damit lächerlich zu machen. So übersah man z. B. das Problem der Gegensätzlichkeit zwischen falscher Indikation und tatsächlicher Wirkung der Arzneimittel. Völlig folgerichtig hat man »übernatürliche« Heilungen, die »Wunder« und „Miracula« des Mittelalters, für Suggestion oder Hysterie erklärt. Was aber Agrippa vortrug und mit magischem Beiwerk umgab, war im Kern ein Hinweis auf die unbegrenzten Möglichkeiten, die in der Vorstellungskraft des Menschen liegen und die für den Heilungsprozeß eingesetzt werden können. Wenn er von der Symbol- und Zauberkraft der Ringe, der astrologischen Bezogenheit der »Örter«, von der magischen Wirkung des Lichts und der Farben sprach und diese auf die Menschen wirken lassen wollte, redete er im Prinzip von Dingen, denen wir heute in einer geschickten, kaum merkbaren Beeinflussung permanent ausgesetzt sind. Daher hat das Verhältnis zwischen Arzt und Patient, das auf Vertrauen basiert, Agrippa so ungemein stark beschäftigt. In den Magischen Werken bekannte er sich dazu, daß ein fester Glaube, eine zuversichtliche Hoffnung und das Vertrauen zum Arzt ebenso wie zu den Heilmitteln, sehr zur Wiederherstellung der Gesundheit beitrügen. Er behauptete, daß neben der Kraft des Medikaments die Persönlichkeit des Arztes wirke; besonders dann, wenn der Kranke sich damit für die Annahme einer Hilfe oder die Wirkung einer Arznei disponiere.

> »Um auf magische Weise zu wirken, ist daher ein standhafter Glaube und ein unerschütterliches Vertrauen erforderlich; man darf in den Erfolg nicht den geringsten Zweifel setzen, ja nicht einmal den Gedanken daran aufkommen lassen.«

Dies gelte aber nicht nur für den Patienten, sondern in einem höheren Sinne auch für den Arzt, der die »Operation« vornehme, ja sogar für den Pharmazeuten, der die Arznei herstelle. — Es ist leicht, in den Magischen Werken zeitgenössische Ansichten über Arzneimittel zu finden, die in großer Zahl vorkommen. Außer auf die alten Schriftsteller wie Dioskurides und Plinius d. Ä. bezog sich Agrippa auf arabische Autoren, erwähnte daneben Konrad von Megenberg (14. Jahrhundert) und stützte sich bevorzugt auf Marsilius Ficinus (15. Jahrhundert). Altbekannte Tatsachen erhalten bei ihm eigenes Gewicht, wenn er sie in einer Kombination von Magie und Naturwissenschaft, umgeben vom Beiwerk der Signaturenlehre, von Sympathiezauber, Aberglauben, Gaukelei und Okkultismus vorträgt. Man kann sie nach ihrem wissenschaftlichen Wert in drei Klassen einordnen:

Zu der untersten, rein legendären, gehört die Behauptung, das Wiesel fresse, wenn es gegen Schlangen kämpfe, zur Immunisierung Raute (Ruta graveolens). Diese Behauptung läßt sich durch die gesamte ältere Literatur verfolgen und geht augenscheinlich auf Plinius (Historia naturalis) und Dioskurides zurück. Ganz allgemein galt Ruta graveolens als ein Antidot bei Vergiftung, wenn man vom Samen ein Eßnäpfchen voll in Wein zu sich nahm. Die Blätter aber, sofern sie für sich allein oder auch mit Wallnüssen und trockenen Feigen vorher eingenommen wurden, machten gegen tödliche Gifte vollends immun, ebenso gegen Schlangenbisse. — Diese Anweisung ist sehr alt und wurde von den mittelalterlichen Autoren fast samt und sonders übernommen, so u. a. von Hieronymus Bock (Tragus), der in seinem Kräuterbuch die Geschichte mit dem Wiesel folgendermaßen beschrieb:

> »Rautensaft, und sich damit bestrichen, der ist sicher gegen giftige Tiere. Dieses ist durch die Wiesel bekanntgeworden. Wenn dieselben auf ihrer Mausejagd eine giftige Wunde empfangen

Samuel Hahnemann — er schwebt auf unserem Bild über dem Getümmel! — entfachte den immer noch nicht geschlichteten Streit zwischen Homöopathen und Allopathen, an dem sich auch die Apotheker beteiligten. Wenn sie hier mit ihren voluminösen Klistierspritzen auf der Seite der die hohe Burg der Schulmedizin verteidigenden Allopathen stehen, so zieht sich jedoch die Frontlinie in Wirklichkeit auch quer durch ihre Reihen.

haben, fressen sie Rauten. Ebenso, wenn sie mit Schlangen zu kämpfen haben. — Rauch von Rautenblättern vertreibt Schlangen.«

Der Name der Raute kommt wahrscheinlich von dem griechischen ῥῦσθαι — an sich ziehen, erretten, »graveolens« besagt, daß die Pflanze stark riecht. Als Volksheilmittel diente sie lange Zeit als Abortivum und Aphrodisiacum. Rolland berichtete in seiner »Flore populaire« 1903, daß man im Jardin des plantes zu Paris eine Zeitlang genötigt war, das Rautenbeet mit einem eisernen Gitter zu versehen, um zu verhindern, daß schwangere Mädchen das Beet plünderten. Die Raute, die hauptsächlich ätherisches Öl, Harz, Bitterstoffe, Gummi, Gerbstoff und freie Apfelsäure enthält, findet heute kaum noch Anwendung.

Die zweite Gruppe sei durch den Salbei (Salvia officinalis), einer auch heute noch gebräuchlichen Pflanze der Volksheilkunde, charakterisiert. Agrippa erwähnt Salbei aber nur beiläufig. Ohne einen speziellen Indikationsbereich anzugeben, spricht er ihm eine allgemeine antitoxische Wirkung zu. — Salbeiblätter behielten ihren Platz sowohl in der Volks- als auch in der Schulmedizin und werden heute als Tee — die Inhaltsstoffe sind ätherisches Öl, Harze und Bitterstoffe — bei Katarrhen, Mund- und Racheninfektionen, daneben auch als Mittel gegen Hyperhidrosis verwendet.

Für die mit heutigen Kenntnissen übereinstimmende dritte Gruppe wäre etwa der Efeu (Hedera helix) typisch, von dem Agrippa berichtete, daß er entzündungswidrig sei. Jahrhundertelang hat man diese Tatsache kaum beachtet. Erst in jüngerer Zeit wurde die Wirkung des im Efeu enthaltenen Glykosids Hederin bei chronischen Katarrhen und Keuchhusten wiedererkannt und somit der Efeu in den modernen Arzneischatz aufgenommen. —

Beachtenswert ist Agrippas These, die Menschen hätten in der Heilkunst von den Tieren gelernt. Als Beispiel nannte er das Schöllkraut, »das die Schwalben zur Heilung der erkrankten Augen ihrer Jungen benutzten«. Im 1. Jahrhundert n. Chr. lautete bei Dioskurides diese Stelle noch ausführlicher:

> »Die Pflanze scheint den Namen Chelidonion (— der Schwalbe ähnlich) zu haben, weil sie zugleich mit dem Eintreffen der Schwalben blüht, mit dem Abzuge derselben welkt. Einige berichten, daß, wenn eine von den jungen Schwalben erblindet, die Mutter das Kraut herbeiholt und den Schaden heilt.«

Konrad von Megenberg sagt in seinem »Buch der Natur« (1348—1351) sinngemäß das gleiche, setzt aber noch hinzu, daß, wenn man jungen Schwalben mit einer Nadel in die Augen steche, die Mutter das Kraut bringe, es auf die Augen lege, worauf das Junge wieder sehen könne:

> »Saft der Schellenkrautwurzel, im Mai gesammelt, in einem Kupfergefäß mit Honig gekocht, ist eine köstliche Augenarznei.«

Als Augenheilmittel hat Chelidonium majus heute seine Bedeutung völlig verloren, obwohl es noch 1714 in der »Drecksapotheke« Paullinis, einem obskuren Arzneibuch, zusammen mit Raute Anwendung gegen Augenleiden fand. In der Folge geriet es gänzlich aus dem Gesichtskreis der Mediziner und Pharmazeuten. Stellt man sich nun einmal die Frage, wie es kam, daß diese Indikation, unter der das Mittel lange Zeit angewandt wurde, so plötzlich verschwand, dann dürfte die Antwort nicht schwerfallen: Chelidonium ist ein geradezu klassisches Beispiel für die arzneiliche Signaturenlehre, d. h. für den Glauben, daß die Natur durch äußere Zeichen »Signa naturae« einen Hinweis auf die Anwendung der Pflanze als Medikament gebe. Die Überlieferung, das Schöllkraut sei ein Augenheilmittel, stellte sich als trügerisch heraus, obwohl sie der Pflanze den Namen gegeben hatte. Die hellgelbe Farbe ihrer Blüte verleitete in der Volksmedizin später dazu, ein weiteres »signum« zu erkennen, diesmal für Gallenwirksamkeit, wobei man die alte Indikation als Augenmittel aber nicht ganz vergaß: Da die leuchtende Farbe angeblich die Augen aufhellt, heißt die Pflanze in der Schweiz heute noch »Nagelkrut« (»Nagel« ist der Flecken im Auge).

Die moderne Arzneimittelforschung ist ihrerseits den Inhaltsstoffen des Schöllkrauts nachgegangen, das über ein Dutzend Alkaloide (stickstoffhaltige, meist giftige Pflanzenbasen) enthält. Von ihnen ist das Chelidonin, das wie das Homochelidonin beruhigend wirkt und pharmakologisch dem Papaverin ähnelt, am bekanntesten. Diese Alkaloide in ihrer Gesamtheit lösen krampfhafte Erregungszustände der glatten Muskulatur, sie wirken schmerzlindernd und haben eine leicht abführende Nebenwirkung. Daher werden die Inhaltsstoffe des Schöllkrauts in zunehmendem Maße bei verschiedenen Gallenleiden, Magen- und Darmkrämpfen eingesetzt. Daß diese moderne Indikation bereits in der Signaturenlehre des Mittelalters vorhanden war, nach der gelbes Schöllkraut (neben gelbem Safran) gegen Gelbsucht angewendet wurde, verleiht unserer Betrachtung über Magie in der Pharmazie ihren eigenen Reiz. Da aber auch die Homöopathie eine Anwendung als Augenmittel nicht mehr kennt und sich weitgehend der allopathischen Indikation angeglichen hat, ist von Agrippas Mitteilung nur noch der Name »chelidonios« (— von der Schwalbe), der an die alte Anwendung des Schöllkrautes erinnert, etymologisch interessant.

Man hat ferner gesagt, Agrippa sei der geistige Urvater der Homöopathie, die von ihm überlieferten Formen der Sympathie- und Signaturenlehre, Amulette und Naturzeichen und der Analogieglaube bewiesen, daß er nicht allopathisch, sondern homöopathisch gedacht habe. Gewiß, er hat sich mit dem Problem der Polarität und des Antagonismus in der belebten und unbelebten Natur auseinandergesetzt, er wußte, daß gleiche Pole sich abstoßen, glaubte aber, dies sei eine astrologische Beziehung. Wie alles von Zwist und Freundschaft bewegt werde, so geschehe es auch im Reich der Pflanzen und Mineralien. Affinität war für ihn — anders als bei Albertus Magnus — ein lebendiger Begriff, der getragen von einer Seele keine nur physikalisch-chemische Beziehung ausdrücken konnte. Nicht im Sinne einer chemischen Reaktion, sondern nur durch lebendiges Verwandeln konnte er sich die Entstehung neuer Körper vorstellen. An die Kräfte der Natur glaubte er zwar im Sinne der Elementenlehre des Empedokles von Agrigent (nach 500 v. Chr.), und doch sah er alles von Gott durch eine Weltseele inspiriert. Das »verbum mirificum«, das Zauberwort, war für ihn das »verbum Dei«, das Gotteswort. Folgerichtig mußte die Steuerung aller Vorgänge durch einen Weltgeist, die »quinta

Einem unbekannten niederländischen Maler verdanken wir diesen Blick in eine Apotheke des 16. Jahrhunderts. Das Bild ist auf Kupfer gemalt und trägt auf der Rückseite — nur noch schwer lesbar — die Jahreszahl 1571. Stiche, die Apothekeninterieurs aus jener Zeit zeigen, gibt es mehrere, Gemälde aber kaum. So hat diese malerische Komposition, die die wichtigsten Elemente einer Apotheke zeigt: die Offizin mit Gesellen, das Labor mit Öfen, Gläsern, Kolben, Mörsern, den Apothekergarten im rechten Hintergrund und den Apotheker mit seiner Frau, einen gewissen Seltenheitswert und wurde wegen seiner umfassenden Aussage von selbst zum Titelbild dieses Buches!

essentia«, geschehen. Aus seiner Feststellung, daß in einer solchen Ordnung Gleiches zu Gleichem neige, und selbst Freundschaft und Feindschaft — jede in sich! — von diesem Prinzip getragen werde, wollte man ein »similia similibus«, ein »Ähnliches mit Ähnlichem« kurieren im Sinne Samuel Hahnemanns machen. Ob Agrippas Auseinandersetzung mit der Heilkunde so gedeutet werden kann, als sei er ein Vorkämpfer oder auch nur Vorahner der Homöopathie, steht dahin. Grundsätzlich mag es in der Natur der Magie liegen, daß sie für allerlei Ausdeutungen in Anspruch genommen werden kann.

Menschen früherer Zeit stehen leicht in einem Zwielicht, das ebensosehr von der Patina der Geschichte herrührt wie von dem Maßstab, den wir nachträglich an ihren Charakter legen. Viele bewegt die Frage, ob Agrippa von Nettesheim ehrenhaft und solide oder ein Prahlhans und Lügner gewesen ist. Sein zweifelhafter Ruf als Magier geht, sieht man von einer Reihe kleinerer Schriften und der Vielzahl seiner Briefe ab, vor allem auf seine Hauptwerke »de occulta philosophia« und »de vanitate et incertitudine scientiarum« zurück. Vor allem wegen des letzteren hat man Agrippa zu einem Scharlatan und Hanswurst nicht nur seines zeitgenössischen, sondern des ganzen »Welttheaters« abzustempeln versucht. Dabei wurde ihm die Rolle, die der Hanswurst auf der alten Bühne tatsächlich zu spielen hatte, nämlich im Kleid des Harlekins die Wahrheit zu sagen, unbewußt zu Recht zugeschoben: Denn auch für den Bereich von Arzt und Apotheker hat uns Agrippa kritische Glossen hinterlassen, deren Wahrheitsgehalt erst mit der Zeit erkannt wurde. Wer will z. B. leugnen, daß die Konsilien der Ärzte jener Zeit eine Plage für die Kranken waren, ähnlich wie heute umgekehrt die Gewohnheit vieler Patienten, mehrere Ärzte und Heilkundige gleichzeitig in ein und derselben Sache aufzusuchen! Wer will Agrippa die an des Römers Plinius Satz: keine Kunst sei unbeständiger, keine der Veränderung mehr unterworfen als die Medizin, angeknüpfte Frage verübeln, wieso man ihr dann noch vertrauen könne? Was ist an seinem Wortspiel über die einfachen Arzneimittel, die Simplicia, falsch, wenn er damit nur eine alte Erfahrung wiedergab:

> »Aber die Medici von der heutigen Welt, die halten nicht allein von Simplicibus nichts, sondern verlachen ihre Anwendung, als wenn die Alten gar Narren gewesen, und nennen noch auf diese Stunde diejenigen Simplices und einfältige Leute, die von Simplicibus was halten!«

War seine Ansicht nicht berechtigt, daß es der menschlichen Gesundheit, ja, dem ganzen Volk zuträglicher wäre, manche fremde, ausländische Arznei, die zu hohem Preis von betrügerischen Kaufleuten vertrieben werde, gänzlich zu verbieten? Alle Ärzte und Apotheker sollte man veranlassen, dergleichen nicht zu verschreiben oder zu verkaufen. — Dürfen »die Köche der Ärzte«, wie er die Apotheker nannte, es ihm verargen, wenn er auf den Mißstand hinwies, daß hier und da versucht werde, »verlegene alte Sachen«, vor langer Zeit geschmierte, untaugliche Pflaster, Salben und Morsellen zu verkaufen! Und schließlich: Was soll man von dem Autor der »Eitelkeiten« denken, wenn er, der Alchemist, der einen großen Teil seiner Einkünfte mit »Goldmachen« erzielte, das Kapitel 90 »de alcumistica« mit dem Satz einleitete:

> »Das Goldmachen, es mag eine Kunst oder ein Schwindel oder ein natürliches Nachgrübeln ge-

nennet werden, ist fürwahr eine recht schöne Erfindung und ein artiger, unstrafbarer Betrug ..., indem er das verspricht, was die Natur keineswegs leiden noch errichten kann«!

Für die Alchemie fand er ebenso kluge Worte wie für die Pharmazie. Den beiden Berufen aber, die seit jeher glauben, zum Vormund des Apothekers bestellt zu sein — Arzt und Jurist — schrieb er in dem Encomion »Das Lob des Göttlichen Wortes« folgendes ins Stammbuch:

»Der Arzt hailet aller Krancken Leib
und verseumet sein aigen Seel zu hailen.
Die Juristen sindt der menschlichen Gesatz und Gebot überauß gefliessen
Gottes Gebot aber ohnachtsam, übertreten sie sogar,
daß zu ainem Sprichwort ist worden,
Das weder der Artzt wol lebt
noch der Jurist wol stirbt.
Darumb, das der Arzt gar ein ohnmässig Geschlecht der Menschen
und die Juristen die bösten Christen sind.«

Über die Magie und die durch sie aktivierbaren Seelenkräfte aber schrieb er an einen Freund:

»Was man nun Großes von der unbesiegbaren Gewalt der magischen Kunst, von den wunderbaren Bildern der Astrologen usw. liest, erzählt und schreibt, wird als nichtig, erdichtet und falsch erfunden werden, so oft man es buchstäblich auffaßt. Es liegt also den Buchstaben ein geheimer, in Mysterium gehüllter Sinn zugrunde, welchen bisher noch keiner der alten Meister entschleierte. Deshalb tappen die im dunkeln, die allein durch Lektüre die Geheimnisse der Natur erforschen wollen. — Du sollst wissen, daß wir die Ursache so großer Wirkungen nicht außer uns suchen sollen: in uns ist ein wirkendes Wesen (Operator), welches alles ohne Beleidigung Gottes und der Religion erkennt und vollbringt, was die Astrologen, Alchymisten und Nigromaten versprechen. — Ich sage: in uns ist der Urheber jener Wunderdinge.«

Er schließt: »Nos habitat, non tartara, sed nec sidera coeli. Spiritus in nobis, qui eriget, ita facit — Er wohnt in uns, nicht im unterirdischen Bereich, aber auch nicht in den Sternen des Himmels. Der Geist in uns, der in die Höhe strebt, wirkt also.«

Was hier angesprochen ist, hat für die modernste Entwicklung in der Heilkunde eine frappierende Aktualität! Je mehr die Herstellung des Medikamentes perfektioniert wurde, um so nachhaltiger ist in dem selben Augenblick, als man glaubte, alle Bereiche des menschlichen Organismus mit einer Arznei selektiv und gezielt erfassen zu können, und sogar überzeugt war, daß es kaum noch Unwägbarkeiten auf diesem Gebiete gibt, dieser Glaube erschüttert worden. Mehr noch als der Mediziner ist der Pharmazeut in den naturwissenschaftlichen Vorstellungen befangen, in denen er auf der Universität erzogen wurde. Die großen Fortschritte der Heilkunde schienen so deutlich zu sein, daß man seit Paracelsus immer fester zu glauben begann, die Naturwissenschaften seien die einzige Grundlage der gesamten Medizin und Pharmazie. Probleme übernatürlicher, »magischer« Heilungen wurden in

»Nur e i n spätgotischer Bau der Bürger hat in Coburg neben den kirchlichen Werken Gewicht, es ist die Hofapotheke!« (R. Teufel). Dieser Satz gilt weit über Coburgs Grenzen hinaus; denn nur selten noch sind in Deutschland Profanbauten der Gotik erhalten. Die Hofapotheke, 1543 gegründet von Cyriacus Schnauß (1512—1571), ist das beste Zeugnis für den Leitspruch ihres Begründers, der noch nicht im Haus am Markt wohnte, geworden: »Will mich Gott er n e r n, so kann im niemand w e r n !«
(Links Gesamtansicht; rechts die Coburger Madonna [um 1500] und das gotische Chörlein).

tiefster Überzeugung in den Bereich des Unwahrscheinlichen und Unglaubhaften verwiesen. Beobachtungen, daß es manche Heilmittel gibt, deren Wirkungen objektiv unerklärlich, nichtsdestoweniger aber feststellbar sind, brachten das Vertrauen in die Allmacht naturwissenschaftlicher Methoden deshalb keineswegs ins Wanken. Alle derartigen Erscheinungen hat man — vielleicht etwas leichtfertig — mit Wunderheilungen oder Suggestionen bezeichnet, besonders dann, wenn sie aus exotischen und primitiven oder religiösen Bereichen zu uns gekommen sind. Diese scheinbare Sicherheit wurde aber vor einiger Zeit durch ein Phänomen erschüttert, das in der Schulmedizin mittlerweile zu einem Routinetest geführt hat: dem Placebo.

Die Anfänge des Placebotests, einer Versuchsanordnung mit »blinden« Medikamenten, dürften in die Mitte des vorigen Jahrhunderts zurückreichen. Der Privatverein homöopathischer Ärzte Österreichs stellte nämlich im Jahre 1844 erstmals derartige Blindversuche am Menschen an. Obwohl von Zeit zu Zeit immer einmal wieder auf diese Erscheinung hingewiesen wurde, ist das Placeboproblem aber erst nach 1945 durch die Arbeiten des Amerikaners O. H. P. Pepper in seiner vollen Bedeutung erkannt worden. Es wird von amerikanischen Untersuchungen berichtet, die unter Berücksichtigung aller Verschiedenheiten hinsichtlich Symptom, Person und Medikament das verblüffende Ergebnis erbrachten, daß etwa 40 Prozent der getesteten Menschen auf Placebo genauso reagierten wie auf das zu prüfende Arzneimittel. Bei Kopfschmerzen waren es sogar 60 Prozent. »Wenn man sich einmal fragt, was eigentlich durch die Placebo-Prüfung ausgeschaltet wird, so muß die Antwort darauf lauten: Der gesamte Bereich der Pharmakologie, mit anderen Worten, der Wirkung des Präparates nach den Gesetzen der Naturwissenschaft« (A. Jores).

Der Placeboversuch zeigt also, wie schwer es ist, die Wirkung eines Medikaments objektiv festzustellen. Um so erstaunlicher ist es, daß man die von Agrippa 1530 ausgesprochenen Erkenntnisse so lange ignoriert hat; denn trotz aller Erfolge der tierexperimentellen Pharmakologie hat sich bis heute nichts an der Tatsache geändert, daß der Mensch in seinen Reaktionen nicht nach den Gesetzen der Wahrscheinlichkeit vorausberechnet werden kann. Bezieht man diese Schlußfolgerung auf Agrippa und die Magie, so ist zunächst festzustellen, daß dieser weder in den »Magischen Werken« noch in dem Buch »Über die Eitelkeit und Unsicherheit der Wissenschaften« die Grundlagen von Medizin und Pharmazie: Wissen und Erfahrung geleugnet hat. Wohl aber stellte er sie in den Rahmen des Gesamtmenschlichen, also auch des Unwägbaren. Er reagierte für seine Zeit ähnlich wie Karl Jaspers für die unsrige:

> »In diesem Zeitalter der Aufklärung, in der Steigerung des Wissens und Könnens, im Glauben an den Fortschritt an sich, ist oft unverständlich geworden das, worauf es für den Menschen eigentlich ankommt. Während die realen Dinge in der Welt deutlicher wurden, hat sich die Wirklichkeit verdunkelt.«

Und Agrippa? Probleme des Personenhaften, »die sich der klinischen Forschung als Suggestibilität und Suggestion in den Weg stellen« (P. Martini), bezog er stets in seine Sicht der Heilkunde mit

ein. Daß aber selbst die Prüfung der Heilmittel eines Tages »in der Suggestion einen Konkurrenten oder Partner erhalten würde, dessen Mitwirkung grundsätzlich gleichberechtigt ist« (P. Martini), dürfte indes selbst seine Phantasie überstiegen haben. — Die Diskussion in Pharmazie und Medizin über die Phänomene des Menschlichen reißt heute nicht mehr ab. In ihr taucht das Wort »Magie« immer häufiger auf. Man fragt sich widerstrebend, ob bei der Heilung »magische Effekte« verantwortlich sein könnten, und räumt gleichzeitig ein, daß dabei »natürlich das Suggestive« eine Rolle spiele. Theologen möchten einerseits die »übernatürliche« Heilung als schwarze Magie ablehnen und andererseits die biblisch begründeten Gebets- und Wunderheilungen wieder beleben. — Man erinnert sich an den Satz eines homöopathischen Arztes: »Ich gebe den homöopathischen Mitteln die Wirkung, die ich will«, und das Wort von »Magie und Zauber in der modernen Medizin«.
Der »Magier« Agrippa von Nettesheim ist nie so weit gegangen. Vielleicht sollte man darum seine »Okkulte Philosophie« und die »Eitelkeiten« stets gemeinsam betrachten. Die eine, um zu erkennen, daß die Heilkunde die Grenzen des Menschen bis an das Magische hinauszuschieben vermag, die anderen, um zu verstehen, daß der Umgang mit Medikamenten nicht selten ein gnädiger Selbstbetrug ist.

Die Apotheke

Der Name Apotheke, im Lateinischen »apotheca«, stammt aus dem Griechischen und leitet sich von »ἀποτίθημι — ich lege nieder« ab. Wie oben bereits erwähnt, gebrauchte der große griechische Arzt Galen (129—199 n. Chr.), der in Rom Leibarzt der Kaiser Marc Aurel und Verus und Erzieher des Kaisersohnes Commodus war, dieses Wort zunächst im Zusammenhang mit seinen Büchern, die er in der »apotheca librorum — Niederlage der Bücher«, also in seiner Bibliothek, aufbewahrte. Möglicherweise ist dies der Grund, daß spätere Generationen dem Beispiel Galens, der eineinhalb Jahrtausend die unangefochtene Autorität in der gesamten Heilkunde war, folgten und dabei auch das Wort für diesen Aufbewahrungsraum übernahmen. So wurde aus dem griechischen »ἀποθήκη« das lateinische apotheca und vor allem im deutschen Sprachgebrauch Apotheke. Die Völker lateinischer Zunge entschieden sich für den ebenfalls aus dem Griechischen stammenden Ausdruck »φάρμακον — Arzneimittel«, den sie auf pharmacia abwandelten, was auch Giftmischerei bedeutet. Ein Wort, mit dem im Deutschen die Apotheke in Form von »Giftküche« ja heute noch gern belegt wird.

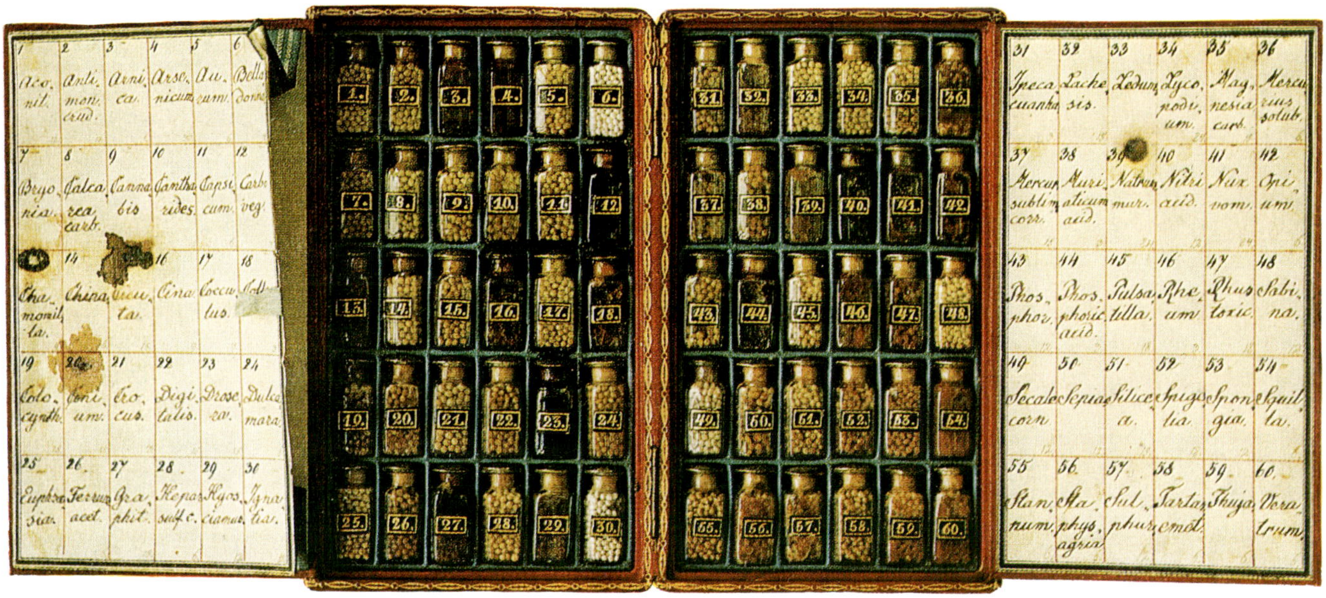

Homöopathische Reiseapotheken sind mehrere erhalten. Besonders schöne Exemplare bewahrt das slowakische Apothekenmuseum in der Apotheke »Zum roten Krebs« in Pressburg auf. — Die hier gezeigte aus dem Stadtarchiv in Stuttgart ist in rotes Saffianleder gebunden. Ganz zusammengeklappt zeigt sie reiche Ornamentik in Goldprägung (links oben). Das zweite Bild (rechts oben) präsentiert die Innendeckel, das untere offenbart Inhalt mit Beschriftung (etwa 1. Hälfte 19. Jahrhundert).

Der lateinische Ausdruck apotheca oder apothecarius für Apotheker hat im mittelalterlichen Latein vielfache Verwendung gefunden und die Historiker ebensooft in die Irre geführt. Ein typisches Beispiel ist eine Trierer Schenkungsurkunde aus dem Jahre 1241. In ihr übergab der »Domkellner« Fridericus seine apotheca mit dem daran anstoßenden Haus, die beide »auf dem Graben« (am Markt) zu Trier gelegen waren, und ein paar Weingärten einem trierischen Damenstift. Mit der falschen Deutung von apotheca als Apotheke im heutigen Sinne, der eine auf der Rückseite des Pergamentes befindliche, zeitlich wenig später angefertigte Übersetzung mit »apotecke« Vorschub leistete, begann eine Kette von Irrtümern. Aus dem Stifter, dem »cellerarius Fridericus«, wurde ein arzneikundiger Frater, der in seiner Küche neben den aquae vitae, den Lebens- und gebrannten Wässern, auch wirkliche »Heilmittel« vertrieb. Ein anderer leitete aus dem Lehnwort Kellner gleich einen Koch ab, ein dritter übernahm daraufhin Koch als Familienname. Die apotheca Friedrichs erhob man zur ältesten Apotheke Deutschlands, die, da heute an dem bezeichneten Platz seit knapp vierhundert Jahren tatsächlich eine Apotheke steht, dem staunenden Publikum als solche präsentiert wird. Einen 1262 in Trier erwähnten »apotecarius Radulfus« ließ man eine zweite Apotheke gründen und ähnliches mehr. — In Wirklichkeit hatte der Ökonom des Domstiftes, der cellerarius, der nach dem Bischof die vornehmste Position im Domkapitel einnahm, aus seinem Privatbesitz ein Stapelhaus mit dem Nachbargebäude am Trierer Markt dem Damenstift von St. Thomas an der Kyll geschenkt, das dieses noch 1531 in seinem Besitz hatte.

Das Schriftstück, ein sogenannter Chirograph, befindet sich heute im Staatsarchiv Koblenz und stellt ein schönes Beispiel trierischer Urkundenausfertigung dar. Der Text, der zweimal auf Pergament niedergeschrieben wurde, stand sich Kopf an Kopf gegenüber. Zwischen den beiden Ausfertigungen befindet sich das Wort Chirographus (= Handschrift), das man durchschnitt. Die Vertragspartner erhielten je eine Hälfte, die an der Schnittstelle im Präsentationsfalle genau zueinander passen mußten.

Das Auftreten des Wortes apotheca ist also zu Beginn der Geschichte der mitteleuropäischen Apotheke keineswegs beweisend dafür, daß mit ihm eine Medizinalinstitution gemeint war. Noch weit bis ins 15. und 16. Jahrhundert hinein wird unter ihm vielfach etwas anderes verstanden. Meist sind Lagerhäuser aller Art gemeint, so z. B. in Wetzlar, wo diese außerhalb der Stadtmauern lagen. In England war apothecarius mit dem oben zitierten cellerarius, also dem Ökonom von Stift- und Hofhaltung, identisch. Noch 1520 hieß ein kirchliches Ehrenamt zu Trier das Amt des Apotecarius, mit dem hauptsächlich der Reliquiendienst verbunden war. Es war ein sogenanntes Dienstlehen, seine Inhaber begüterte, vornehme Bürger, Landadelige, Schöffen u. a.; das Lehen selbst ein dotierter Titel.

Wie wurde der Apotheker im Mittelalter nun noch genannt? Zwei seiner Bezeichnungen leiten sich von seinem Tun ab: er m a c h t bekanntlich Arzneimittel und v e r k a u f t sie. Wenn man dafür

die griechischen bzw. lateinischen Wörter nimmt, so kommt man zu zwei der gebräuchlichsten und wohl auch treffendsten Ausdrücke für diesen Beruf. Arzneihersteller heißt graeco — lateinisch pharmacopoeus und Arzneiverkäufer pharmacopola. Dies waren im Spätmittelalter, ja sogar bis weit in die Neuzeit gängige Berufsbezeichnungen. Pharmacopoeus ist heute noch in dem Wort Pharmacopoe, dem Terminus technicus für ein amtliches Arzneibuch, erhalten. Pharmacopola hat sich allerdings nicht durchgesetzt. Zuerst verstand man unter ihm lediglich jemanden, der Arzneien verkaufte, ohne sie hergestellt zu haben. Daß man die Pharmakopolen später als Scharlatane und Gaukler abtat, ist erklärlich, da sie meist als Landfahrer umherzogen, um ihre Mittelchen zu verhökern, ohne die Garantie für deren Zusammensetzung und Wirkung übernehmen zu können. Daraus erwuchs eine ganze Reihe von Beinamen für Leute solcher Art. Man nannte sie circulatores oder circumforanei (von forum — Markt), weil sie von einem Markt zum anderen wanderten, um dort auf »marktschreierische Weise« ihre Geschäfte zu machen. Die Bedeutung von forum, im Griechischen »ἀγορά«, steckt auch in dem von letzterem abgeleiteten Ausdruck agyrtae, mit dem man die Arzneiverkäufer ebenfalls belegte. Agorein heißt im Griechischen weiterhin versammeln. Agyrtae waren also Leute, die Volkshaufen durch ihre Anpreisungen um sich zu versammeln pflegten.
Ein anderes Synonym — verwandt mit dem pharmacopoeus — ist der etwas seltener gebrauchte Ausdruck pharmacotriba — Drogenzerreiber. Man weiß heute noch nicht genau, ob damit Leute gemeint waren, die nur Hilfsarbeiter des Apothekers beim Zerstoßen und Zerreiben der Drogen waren, oder ob die Apotheker selbst auch so genannt wurden. Auf die gebotene Pflanzenkenntnis der mittelalterlichen Pharmazeuten zielt das Wort herbarii, eigentlich Kräuterleute (französisch: herboristes) ab. Es wurde schon bald differenziert angewandt und auf jene eingeengt, die besonderes Wissen in der Botanik hatten, obwohl ursprünglich die einfachen Kräutersammler gemeint gewesen sein dürften. Griechische Wörter für herbarii, die noch ein wenig deutlicher auf botanisches Wissen Bezug nehmen, sind botanologoi und botanistai. Sie wurden recht oft gebraucht. Die botanistai, die man ein wenig zu großzügig und daher auch unkorrekt mit »Botaniker« übersetzt hat, waren aber nicht so angesehen wie die botanologoi; denn sie reisten meist auf den Dörfern umher, um der Bevölkerung für teures Geld schlechte Kräuter aufzuschwatzen. In diesem Zusammenhang ist auch der ebenfalls aus dem Griechischen stammende Ausdruck rhizotomoi — Wurzelstockschneider zu erwähnen, mit dem man die Wurzelgräber und -sammler bezeichnete, die die Lieferanten der alten Apotheken waren.

Alle diese Ausdrücke sind also keineswegs deutschen Ursprungs, sondern Lehnworte, die sich bis auf die Bezeichnung Apotheker in unserer Sprache nicht erhalten haben. Es gibt nur ein einziges deutsches Synonym für apotecarius; seine Wurzeln gehen auf den Begriff »Krut — Kraut« zurück. Schon in den Merseburger Zaubersprüchen ist Krut eine pflanzliche Arznei; ein Wortstamm, der auch im Sanskrit nachweisbar, somit indogermanischen Ursprungs ist. Wiederum in Trier ist nachzuweisen, daß man im 14. Jahrhundert das Wort Cruder (bzw. Kreuder u. ä.) in deutschen Übersetzungen für

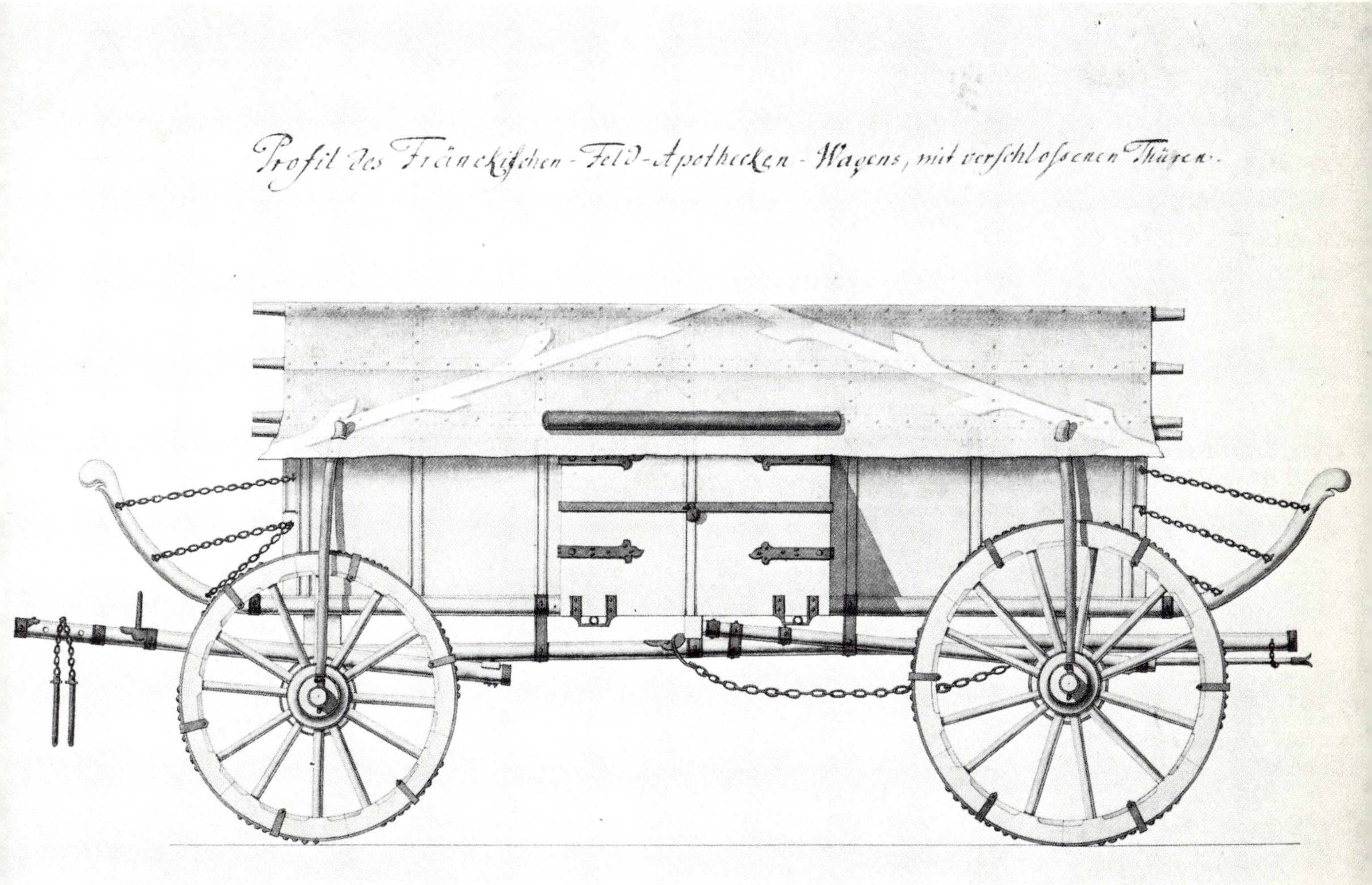

Relikte aus dem Sanitätspark vergangener Jahrhunderte gibt es nur noch wenige. Das hat einen einfachen Grund: Obwohl man Truppensanitätsdienst zu allen Zeiten kannte, spielte er bis in die jüngste Zeit, in der sich das änderte, im Kalkül der Feldzeugmeister und Rüstämter keine große Rolle. Darum sind Planzeichnungen wie die eines »Fränckischen-Feld-Apothecken-Wagens« (trotz der verschlossenen Türen) eine willkommene dokumentarische Seltenheit.

das lateinische apotecarius benutzt hat. In Hamburg gab es Krudeherren, Ratsbeauftragte, die u. a. auch die Apotheken zu beaufsichtigen hatten. Auch Köln kennt den Kruder oder Kreuter noch zu Ende des 15. Jahrhunderts. Doch hat sich dieser Ausdruck nicht durchzusetzen vermocht, vermutlich weil er zu allgemein und damit zu vielschichtig war. Schließlich sei noch eine sehr selten gebrauchte und daher auch kaum bekannte Bezeichnung für den Apotheker erwähnt, die uns in poetischer Form überliefert ist. — Der Rat der alten aurea Moguntina, des »Goldenen Mainz«, pflegte seine ausscheidenden Mitglieder mit einem Trinkgelage zu verabschieden. So auch im Jahre 1443, als der Apotheker und Ratsverwandte Hermann seinen Sitz abgab. Es war nun Sitte, dem Scheidenden ein Gedicht, das auf seinen Beruf Bezug nahm, in witziger Weise zu widmen. Für Hermann reimte man dieses:

Darnach ist einer vor der hant,
Der ist Drager genannt,
Der hat ein herberge angefangen
Darnach die gesunden wenig virlangen.
Der siechen mag er nyt wol enpern;
Wyl eine der budel zu sehr swern,
Er und ertzet griffen yn den polst
Und legen ym neder die geswolst.
Den brudern sol sie nyt schaden bringen,
An zucker, an worze und an anderen dyngen,
Ob eyn spise nyt wer gerecht,
Das man sie da lyt her weder brecht.

Der Spitzname des Pharmazeuten — und so war es Sitte im weinseligen Mainz — war Drager. Das Wort hat aber nichts mit Droge zu tun; denn dieser Begriff kam erst viel später auf. Drager geht vielmehr auf tragea, die Pillenbüchse, zurück, und die Pille war damals wie heute d a s Attribut der Apotheke.

Wie konnte nun ein Beruf, dessen Bild im Urteil der Öffentlichkeit so sehr schwankte, daß man sich jahrhundertelang nicht einmal auf einen einheitlichen Namen für ihn festzulegen vermochte, in die staatliche Ordnung eingepaßt werden? Welcher Platz kam seinen Angehörigen in der Gesellschaft zu? — Damit ist eines der interessantesten und schwierigsten Kapitel in der Geschichte der deutschen Apotheke aufgeschlagen. Zudem handelt es sich um eine Sache, die bis auf den heutigen Tag ihre Aktualität behalten und die Rechtsinstanzen bis hin zum höchsten deutschen Tribunal, dem Bundesverfassungsgericht, beschäftigt hat. In unzähligen Aufsätzen und Büchern ist die immer wiederkehrende Behauptung zu finden, der deutschstämmige Hohenstaufenkaiser Friedrich II. habe um 1240 in Sizilien die Institution der Apotheke begründet. Glaubte man dem, so wäre ein präzises

Anfangsdatum nicht nur für die deutsche Apotheke, sondern auch für die europäische Pharmazie gegeben.

Die Wurzeln der abendländischen Pharmazie aber — und damit letztlich auch der Apotheken — sind zutiefst in dem oben schon beschriebenen Prozeß der Wiederentdeckung antiken, meist über die Araber tradierten, medizinischen und naturkundlichen Wissens verankert. Eine seiner Auswirkungen war nämlich, daß sich der Arzt, der früher den Diagnostiker, Pharmazeuten und Therapeuten in einer Person zu vereinigen hatte, gezwungen sah, eine seiner Tätigkeiten abzugeben. Er entledigte sich der nicht nur zeitraubendsten, sondern auch am meisten nach Eigenständigkeit drängenden: der Pharmazie. Das ging weder augenblicklich noch ganz freiwillig vor sich. Tüchtige Leute, die die kommerzielle Chance erkannten, die mit Zubereitung, Lagerung und Verkauf, also Produktion und Handel von Arzneimitteln, verbunden war, beschleunigten diesen Vorgang erheblich. So sah sich der Staat bald gezwungen, regulierend einzugreifen. In dem von arabischem Denken beeinflußten normannischen Beamtenstaat »utriusque Siciliae«, der »beiden Sizilien«, den der Hohenstaufe Friedrich II. von seiner Mutter Konstanze, einer Tochter des Normannenkönigs Roger II., geerbt hatte, geschah das viel leichter und schneller, als dies in Ländern germanischen Rechts möglich gewesen wäre. Nach germanischer Rechtsauffassung war nämlich das Heilen von Krankheiten und der Umgang mit Arzneien wie jede andere Tätigkeit ein freies Gewerbe. So mußte auch die »Apotheke« frei und veräußerlich sein, wofür man nicht erst eine staatliche Erlaubnis brauchte. Nun besteht aber kein Zweifel, daß sich der Staat schon recht früh des Apotheken- wie des allgemeinen Medizinalrechtes angenommen hat und die Apotheke so etwas wie eine »Staatseinrichtung« wurde. Wie ist das zu erklären?

Gesetzt den Fall, der öffentliche Arzneimittelhandel sei im 11. und 12. Jahrhundert verwaist gewesen und der Kaiser habe das Recht, ihn zu betreiben, für sich in Anspruch genommen, so hätte er auf diese Weise ein sogenanntes »Regal« innegehabt. Regalien sind wirtschaftlich nutzbare Hoheitsrechte wie Münz-, Zoll- und Marktrecht. In dem Wort steckt auch der adjektivische Begriff »regalis« für königlich, fürstlich und deutet so auf die Inhaber dieser Rechte hin. — Wenn der Besitzer eines solchen Regals dessen Nutzung abtrat, so ließ er sich dafür bestimmte Abgaben, sog. Lokariengelder oder Kanons, zahlen. Erst dann durfte der Beliehene diesem seinem Gewerbe nachgehen. Eines fand jedenfalls nicht statt: Eine Investitur durch den Landesherrn. So ist also die älteste Rechtsform für die deutsche Apotheke beileibe nicht das Privileg, obwohl es in den Geschichtsdarstellungen aller Richtungen immer wieder behauptet wird, sondern die unbeschränkte Gewerbefreiheit. Man muß sich also fragen, wodurch die Anordnungen Friedrichs eine derartige Überbewertung erfuhren. Ein erster Grund dafür ist wohl, daß die »Constitutiones Friderici II« in ihrer Gesamtheit eine unübertroffene, säkulare Leistung darstellten. Sie umfaßten alle Bereiche des staatlichen Lebens, waren in klarer Sprache gehalten und — was das wichtigste ist — sie sind vollständig auf uns

Wenn die Apotheke aus dem Schweizer Pharmaziehistorischen Museum zu Basel wegen ihrer Farbenpracht besticht, so begeistert die Emporen-Apotheke mit dem Rokoko-Rezepturtisch aus der fürst-bischöflichen Hofapotheke zu Bamberg, die heute im Deutschen Apotheken-Museum im Heidelberger Schloß aufgestellt ist, durch die Holzarbeiten und die gelungene architektonische Aufgliederung.

gekommen. Wenn auch der »Liber Augustalis — das kaiserliche Buch«, wie man die Konstitutionen mitunter zu nennen pflegt, kein deutsches Recht setzte, so hat doch die Tatsache der Personalunion des Römischen Kaisers Deutscher Nation und des Sizilischen Königs einiges dazu beigetragen, daß die Historiographie eine Verschmelzung des italischen und deutschen Rechts annahm. Die romantische Geschichtsauffassung des vorigen Jahrhunderts war überdies nicht besonders geeignet, diesen Fehlschluß zu verhindern.

Schließlich aber dürfte ein simpler Übersetzungs- und Interpretationsfehler an dem speziellen Irrtum bezüglich der Apotheken beteiligt gewesen sein. Der Apotheker wird in den Konstitutionen »confectionarius« (von lat. conficere — fertigstellen, vollenden) genannt, seine Arbeitsstätte nicht apotheca sondern »statio«. Der Ausdruck confectionarius, dessen Wurzel in unserem heutigen Lehnwort »Konfekt« sowohl dem Sinne als auch der Sache nach erhalten ist, bedeutet nichts anderes, als daß er der Mann war, der Arzneien zubereitete und fertigstellte. In dieser Bezeichnung ist schon etwas von der Schlüsselfunktion des Apothekers, letzte Kontrollstelle vor der Abgabe einer Arznei an den Patienten zu sein, vorweggenommen. Der Begriff statio aber kommt von »stare — stehen« und bedeutet, daß die in der Gesetzessammlung gemeinten »Apotheken« einen festen Platz haben und nicht mehr ambulant sein sollten, was zuvor sicherlich der Fall war. — Nun kommt aber in einem der Paragraphen (Nr. 46) tatsächlich auch der Ausdruck »apotheca« vor, und eben diesen hat man lange Zeit falsch übersetzt. Dort heißt es nämlich, dem confectionarius — oder wie er auch genannt wird — dem »stationarius«, solle man bestimmte Entlohnung geben, wenn er Arzneien ein Jahr oder länger »in apotheca — auf Lager« halten müsse. Mit jenem Wort apotheca glaubte man den Beweis dafür in Händen zu halten, daß die Apotheke unserer Vorstellung gemeint sei. Von dieser grundsätzlichen Fehldeutung aus haben viele falsche Geschichten über Apotheken des 13. Jahrhunderts ihren Anfang genommen, so z. B. über die »Apotheken« von Wetzlar, die seit 1233 bestanden haben sollen. Bei ihnen handelte es sich aber um sog. tuguria, d. h. feste Gewölbe, Stapelhäuser der Kaufleute, die diese vor den Toren der Stadt errichtet hatten. Auch die viel genannte »Apotheke« Kölns von 1225 ist keineswegs gesichert. Die Angaben beziehen sich dort auf das Königinhaus, ein Gebäude an der Marspforte, in dem 1190 »species venduntur — Drogen verkauft wurden«. Woher man die genaue Angabe 1225 genommen hat, wird wohl immer ein Geheimnis bleiben. Denkbar ist, daß man sich auf Gerardus apothecarius bezog, der dort in diesem Jahr gewohnt hatte. Es ist überhaupt merkwürdig, daß die Mehrzahl der ältesten Apotheken vorwiegend im Rheinland bestanden haben soll. Für Trier kann mit einem gewissen Recht gesagt werden, daß die apotheca am Markt, die der Domkellner Friedrich 1241 verschenkte, wenigstens dem Namen nach bis auf den heutigen Tag eine Apotheke geblieben ist. Die Schwierigkeiten und Unsicherheiten bei Interpretationen des Wortes apotheca unterstreichen die Verhältnisse in Mainz, wo eine große Anzahl solcher apothecae identifiziert und sogar lokalisiert werden konnte. In zwanzig verschiedenen Urkunden allein aus der Zeit zwischen 1240 und 1300 ist das Wort apotheca oder apothecarius enthalten. Glücklicherweise werden hier die

Termini hin und wieder übersetzt und in ihrer Bedeutung erläutert. Erzbischof Siegfried III. z. B. überließ am 21. Dezember 1241 die Hälfte der Einkünfte aus den »apothecis«, die in der Immunität der Domkirche lagen, seinem Domkapitel. Es war dabei von apothecae und solchen mit beweglichen Tischen »... que schragin vulgariter appellantur — die im Volksmund Schragen genannt werden« die Rede. Ihre Inhaber hießen »institores sive apothecarii in apothecis predictis — Krämer oder ›Apotheker‹ in den vorgenannten Schragen«. Diese apothecae lagen nur zum Teil in der Immunität des Domes, der sog. Muntat. Einige gehörten zum Bereich der Freiheit von St. Mariengreden und waren daher Besitz dieser Kirche. Zwischen Dom und Mariengreden befanden sich weitere solche Anwesen, die dem Erzbischof unterstanden, andere lagen, ähnlich wie in Wetzlar, außerhalb der Stadtmauer, und der Erzbischof, zu dessen persönlichen Einkünften sie beitrugen, verkaufte sie am 11. Februar 1253 ebenfalls an sein Domkapitel. Von den zwei apothecae am Martinskloster gehörte die eine dem Mainzer Bürger Heinrich vom Hofe des Heiligen Grabes, die andere Heinrich mit der hängenden Hand. Selbst an der Stelle, auf der sich heute der Dom erhebt, stand einst eine apotheca, die vor 1249 dem Dombau hatte weichen müssen. Ihr Besitzer, Humbert genannt Widder, bekam dafür das Recht, außerhalb der Stadtmauer eine neue zu errichten. Auch unmittelbar am Turm des Domes (1255) oder an der Mauer seines Vorhofes (1265), an der linken Chorseite von St. Mariengreden und neben der Münze (1273) befanden sich die kleinen Gebäude, die nicht breiter als 11 Fuß (etwa 3,5 m) sein sollten und »sich nach hinten nicht weiter ausdehnen« durften.

1275 wurden zwei Privilegien für neue apothecae vor dem Portalvorbau am Paradies, d. h. vor dem Haupteingang des Domes, ausgegeben, die uns eine ungefähre Vorstellung von diesen hochmittelalterlichen Verkaufsständen vermitteln. Propst, Dekan und Domkapitel überließen dem Mainzer Bürger Hartung und seiner Ehefrau Isentrud ein Grundstück »ante exitum paradysi — vor dem Hauptportal des Domes« gegen Zins und erlaubten ihnen sogar, die darauf erbaute apotheca zu bewohnen und in ihr Waren feilzubieten. An diese Berechtigung knüpften sie aber die Bedingung, daß das Gebäude »in eadem altitudine, latitudine et amplitudine sicut iam nunc est constructam — in gleicher Höhe, Breite und Ausdehnung wie es zur Zeit erbaut sei« erhalten bleiben müsse. Sie durften »nullum etiam cellarium seu cloacam ... nec coquinam — weder Keller oder Abort noch eine Küche« auf dem Grundstück errichten. Zum Schutz ihrer Waren war es ihnen erlaubt, das Gebäude

Bildseite 93

Nach der heute gültigen Apothekenbetriebsordnung gehört zu den vorgeschriebenen Apothekenräumen die sog. Stoßkammer. Wenn man sich ihre Notwendigkeit auch nicht mehr vorzustellen vermag, so wird man beim Anblick dieses »Pestapepe — (eigentlich) Pfefferstößer« schnell eines Besseren belehrt. Die groben Arbeiten bei der Zubereitung der Drogen, ihr Zerkleinern vor allem, wurden von sog. Stößern ausgeführt. Nicht selten wehrten sich Hausinsassen und Nachbarn der Apotheken gegen den durch sie entstehenden Lärm und Schmutz. Es kam deshalb vor, daß sogar Apothekengründungen verhindert werden sollten oder einflußreiche Bürger versuchten, deren Verlegung durchzusetzen. Melozzo da Forli (1438—1494) schuf dieses Apothekenfresko, das heute in der Pinakothek zu Forli aufbewahrt wird.

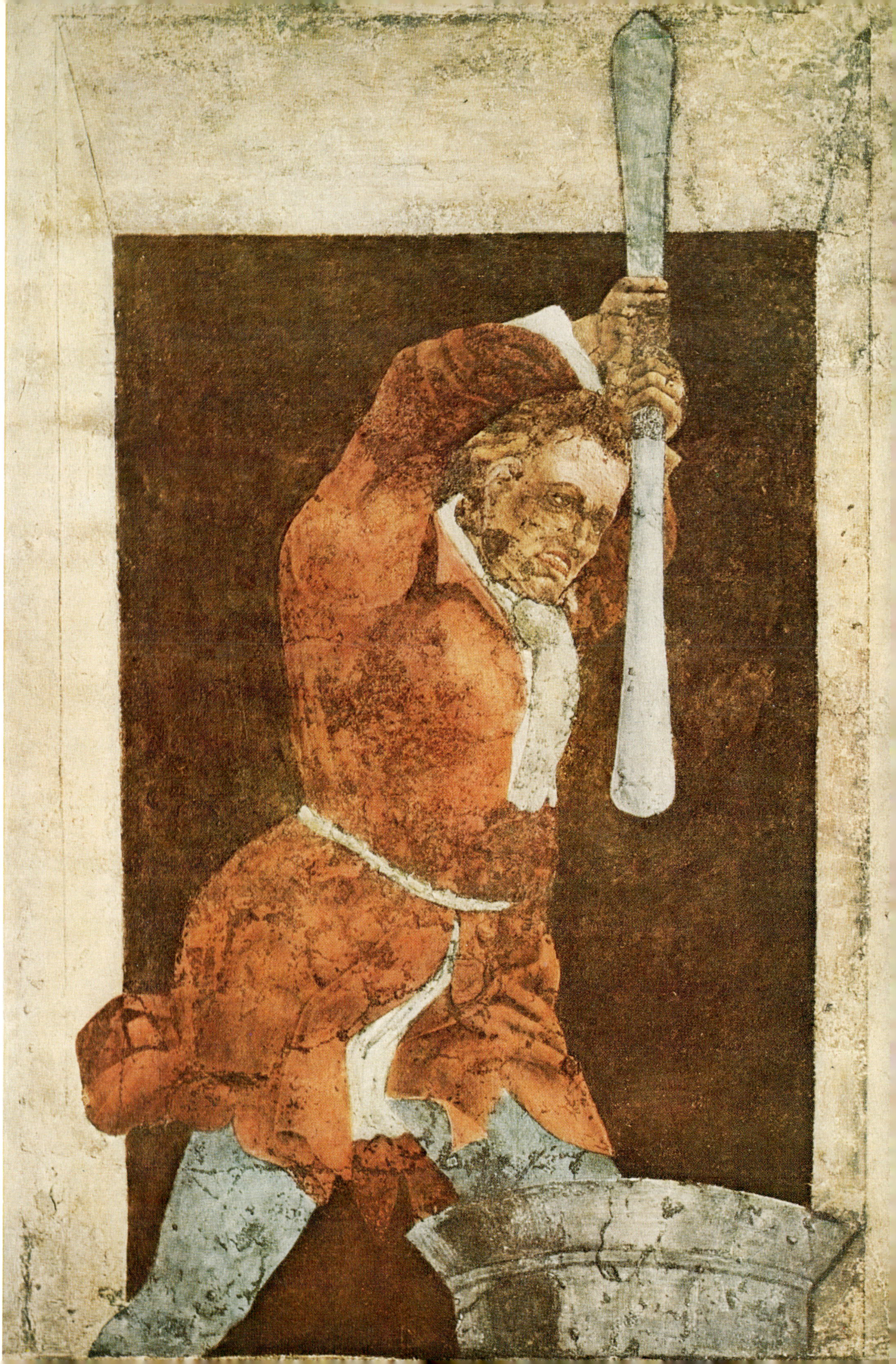

in den Nächten zwar zu bewohnen, aber »non tamen cum frequentatione familie — dennoch sich nicht von der Familie besuchen lassen«. — Die zweite Urkunde, die ebenfalls vom Mai 1275 stammt, hat den fast gleichen Wortlaut. In einem sehr wesentlichen Punkt weicht sie aber von den Bestimmungen bei Hartung ab. Apothecarius Willekin und seine Ehefrau Christine durften mit Genehmigung von Propst, Dekan und Domkapitel ... »fumarium in ipsa apotheca pro conficiendis electuariis ... instaurare — in der apotheca selbst, um Elektuarien herzustellen, einen Rauchfang bauen«. Das bedeutet, daß sich die beiden apothecae an der Vorhalle des Mainzer Domes erheblich unterschieden. In der einen wurden Waren nur feilgeboten, in der anderen aber auch z. T. hergestellt. (Elektuarium, die Latwerge, war eine beliebte Arzneiform des Mittelalters, deren man sich früher weit öfter bediente als in unserer Zeit.) Man kann mit einiger Berechtigung annehmen, daß der Bau eines Schornsteines unmittelbar vor dem Domeingang nicht genehmigt worden wäre, wenn er nur einem Zuckerbäcker hätte dienen sollen. Vermutlich haben wir hier ein Modell für die Offizinen der Arzneibereiter und -händler des 13. Jahrhunderts vor uns. Dazu kommt, daß besagte apotheca sich auch im Baumaterial wesentlich von den anderen Schragen unterschied: sie wird in einer zweiten Urkunde aus dem Jahre 1288 ausdrücklich als »steinern« bezeichnet. In keiner der zahlreichen Urkunden ist sonst von einer solchen »lapidea apotheca« die Rede. Überdies waren diese kleinen Buden im Besitz von Angehörigen der verschiedensten Berufe; etwa in dem eines Kürschners (1280) oder dem eines Barbiers (1289); eine andere gehörte 1284 einem Faktor (Lageraufseher). Man kann also sagen, daß unter apotheca zunächst allgemein eine Verkaufsbude im Sinne einer Schrage verstanden wurde, die bewegliche Tische besaß und leicht abzubauen war. Daraus entwickelten sich feste Ladenlokale, die in günstiger Stadtlage zu den Pfründen der Bischöfe, Domkapitel, einzelner Kirchen, Klöster und Kleriker, aber auch der Magistrate, Fürsten, Grafen und Vögte gehörten.

Trotz dieser Tatsachen ist der Glaube, daß Friedrich II. durch seine Medizinalparagraphen zum Begründer der abendländischen Apotheke geworden sei, vom späten Mittelalter bis heute vorherrschend geblieben. Eine derartige Geschichtsbetrachtung übersieht aber zwei andere italienische Ordnungen für das Arzt- und Apothekenwesen, die — viel ausführlicher als die friederizische — aus Venedig stammen. 1258 gab sich die Adriametropole je eine Ordnung für Ärzte, das »Capitolare medicorum«, und eine für Apotheker, das »Capitolare de spetialibus«. In den engen und über lange Zeit hin dauernden guten Beziehungen zwischen Venedig und Nürnberg ist eine der wesentlichsten Quellen für die Beantwortung der Frage zu finden, ob transalpines Gedankengut die allmähliche Ausformung der mitteleuropäischen Apotheke beeinflußt hat.
Nürnberg nimmt nämlich in der deutschen Medizinalgeschichte eine Sonderstellung ein, weshalb man es »den Vorort der deutschen Medizinalgesetzgebung« genannt hat. Tatsächlich finden wir die reifsten und durchdachtesten Anordnungen medizinalpolizeilicher Art in dieser Stadt: So einen der ältesten deutschen Apothekereide. Er stammt aus der ersten Hälfte des 14. Jahrhunderts, einer Zeit, in der sich

die venezianischen Handelsbeziehungen in der »Noris« zu festigen begannen. Zu früh also, um sagen zu können, hier liege ein Einfluß Venedigs, der »Tochter des Meeres«, vor. Nürnberg war im Gegensatz zu Venedig eine junge Stadt, die 1050 zum ersten Male urkundlich erwähnt wird und nicht einmal zu den Städten des alten Reiches zählte. Aber schon 200 Jahre später hatte sie eine solche wirtschaftliche Kraft erlangt, daß sie 1254, nach dem Zusammenbruch der königlichen Macht, zum Träger selbständiger Hoheitsrechte werden konnte. Die Nürnberger begannen ihre Angelegenheiten in eigener Machtvollkommenheit zu ordnen und sich ihr Recht selbst zu setzen. In jene Zeit fällt auch die Anlage sogenannter Achtbücher, eines Memorialschriftgutes, von dem der Schreiber sagte: »Alles im Gedächtnis zu behalten, ist eher einem Gott als dem Menschen möglich. Es ist daher notwendig, Beschlossenes und zu Beschließendes aufzuschreiben, damit es nicht aus dem Gedächtnis der Menschen entweiche und völlig verschwinde.« Man legte das erste dieser Bücher in den Jahren 1302/03 an. Dasjenige, das die Eide für Ärzte und Apotheker enthält, stammt erst aus der Zeit zwischen 1338 und 1360. Da es sich um den ältesten Apothekereid in den Grenzen des jetzigen Deutschland handelt (wobei Eid gleich Ordnung zu setzen ist), sei er hier in der Sprache unserer Zeit wiedergegeben.

> Es soll ein jeder Apotheker schwören, daß er Armen und Reichen, ohne sie zu gefährden, mit Fleiß und ganzer Treue in jedem Falle alles das anfertigen will, was man ihm mündlich befohlen oder aufgeschrieben hat. Wenn er nicht alles davon (alle Ingredienzien für die Rezepte) zur Verfügung hat, so soll er das dem mitteilen, der ihm das Rezept mündlich oder schriftlich aufgetragen hat. Für seine Arbeit möge er ein solches Entgelt nehmen, daß er nach seinem Gewissen zeitgemäßen und bescheidenen Gewinn zu seiner Kost, Nahrung und Arbeit hat.

Diese ungefügen und schwerfälligen Sätze sind demnach die ersten schriftlichen Zeugnisse für die Einpassung der apothekerlichen Tätigkeit in das deutsche Rechtswesen. Daneben gibt es allerdings noch den Basler Apothekereid, der zwar zur gleichen Zeit aufgeschrieben, doch ein wenig älteren Datums zu sein scheint. In ihm heißt es über das in Nürnberg Gesagte hinaus, daß der Apotheker erfahren sein solle »in Kunst und Witze« und keine Gemeinschaft mit einem Arzt haben dürfe. Sonst aber sind es die gleichen Dinge, die gefordert werden, nämlich, daß die Arzneien ohne Ansehen der Person für alle gleiche Qualität besitzen müßten und es nicht erlaubt sei, ohne Vorwissen des verordnenden Arztes einen Bestandteil in einem Rezept auszuwechseln. Das Problem der freien Preisgestaltung nach Gutdünken und Gewissen aber ist nur in Nürnberg angesprochen. In diesem wichtigen Punkte unterscheidet sich der Nürnberger Eid auch von allen italienischen Vorbildern; denn dort waren die Preise immer vorgeschrieben. Die deutscher Mentalität entsprungene Formulierung, heute noch in der Vorstellung von »Treu und Glauben« erhalten, ist in der Apothekengeschichte einmalig. Das soll aber nicht heißen, man habe es allzulange den deutschen Apothekern freigestellt, wie sie die Preise für ihre Arzneien berechneten. Die etwa zeitgleiche sog. Breslauer Handschrift (um 1355); eine Medizinalordnung für das Fürstentum Breslau, ließ Kaiser Karl IV. sogar mit der Taxe, d. h. den Preisvorschriften, für die einfachen (Simplicia) und zusammengesetzten (Composita) Arzneien beginnen.

Glasgefäße — Oben: Zwei kunstvolle Milchglasgefäße für Myrrhentinktur und Tinctura Anodyna — Anti-Schmerztinktur; meist als Tinctura anodyna simplex mit Opiumtinktur identisch. — Unten: Drei mit dem Einhornsymbol in reicher Barockornamentik versehene Glasgefäße, von denen das eine — was selten vorkommt — eine Jahreszahl trägt. Das linke Gefäß war für Kardobenedikten- und das rechte für Erdrauchessenz bestimmt.

Dies also sind im wesentlichen die Elemente, die dem Staat den Vorwand lieferten, eine Aufsicht über das Apothekenwesen anzustreben. Damit aber, daß die Obrigkeit sich solche Rechte nahm, bürdete sie sich auch Verpflichtungen auf, deren wichtigste war, die Apotheken vor übermäßiger Konkurrenz zu schützen, um sie so leistungsfähig zu erhalten und den Apotheker vor Versuchungen zum Betrug zu bewahren. Wie es nämlich bei der Einführung der großen Hamburgischen Medizinalordnung von 1818 hieß, war »ein armer Apotheker ein gefährlicher Mann« im Staate.

In diesem Zusammenhang interessiert auch die Frage, wann in Europa die ersten wirksamen Medizinalordnungen erlassen worden sind und was dafür Anlaß gegeben hat. — Für Südeuropa, Italien und Spanien lag — wie wir hörten — der Beginn der wissenschaftlichen und praktischen Pharmazie im 11. und 12. Jahrhundert; für Mitteleuropa dagegen ein ganzes Jahrhundert später. Der Arzneischatz, die materia medica, erlebte eine ungeahnte Differenzierung, die Verarbeitung und Lagerhaltung der fremden Drogen erforderten neue und größere Kenntnisse, die der Arzt alter Vorstellung nicht mehr haben konnte und die einfach einen neuen Typ des Arzneikundigen, der andere, nichtärztliche Aufgaben zu bewältigen hatte, notwendig machten. In dieser evolutionären Epoche des ersten großen abendländischen Aufschwungs von Medizin und Pharmazie mußten aus innerer Notwendigkeit heraus auch Gesetze zur Ordnung des Heilwesens im weitesten Sinne entstehen. So tauchen im 13. Jahrhundert, fast gleichzeitig mit den Medizinalparagraphen in den süditalienischen Konstitutionen Friedrichs II., allein im romanischen Raum vier verschiedene Ordnungen auf, die sich mit der Apotheke oder dem Apotheker beschäftigen. Im darauffolgenden 14. Jahrhundert entstehen in Deutschland — um nur die wichtigsten zu nennen — die Ordnungen und Eide von Basel, Breslau, Nürnberg, Konstanz, Köln, Regensburg. Auffällig ist, daß die ältesten deutschen Apothekerordnungen in den großen Handelsstätten erlassen wurden, und zwar zu einer Zeit, in der sich die Handelsbeziehungen zwischen Deutschland und Italien stark entwickelten. Es unterliegt heute keinem Zweifel mehr, daß vor allem die Beziehungen zwischen Venedig und Nürnberg katalysierend gewirkt haben; denn auf den Achsen der schweren Karren sind nicht nur Drogen und andere Handelswaren von Süden nach Norden gerollt, sondern auch das Ideen- und Gedankengut der alten mediterranen Kulturvölker.

Neben diesen allgemeinen Zeitbewegungen und Entwicklungen aber sind es noch andere Ereignisse gewesen, die die Obrigkeit zwangen, sich um das Gesundheitswesen zu kümmern. Vor allem dürften akute Notstände, Epidemien und andere Katastrophen, die in immer neuen Wellen über ganz Europa hinweggingen, Anlaß zu gesetzlichen Maßnahmen gegeben haben. So kann man beobachten, daß fast jedesmal nach großen Pestepidemien umfassende Medizinalordnungen entweder erstmalig erlassen oder zumindest verbessert worden sind. Als 1167 über Italien und die Provence die Pest hinweggegangen war, entstand 1180 die Medizinalordnung von Montpellier. 1258 hauste der Schwarze Tod in Ägypten, Syrien und Südfrankreich, Ländern, mit denen Venedig in engen Handelsbeziehungen stand. Noch im gleichen Jahre (1258) erließ dann auch Venedig seine Capitolare (Gesetze) für die Ärzte und Apotheker. 1348/52 dezimierte das »Große Sterben« die Bevölkerung Mittel- und Nordeuropas drastischer, als dies der Dreißigjährige Krieg vermochte. Ebenfalls 1348 richtete man in Venedig die »Provveditori alla Sanita« ein, entstanden der Nürnberger und Breslauer Apothekereid und schrieb man den Basler Eid aufs neue nieder. Wenn man einige dieser Daten im Zusammenhang aufzeichnet, so ergibt sich folgendes Bild:

1435	Pest in Venedig und Nürnberg	1442	Apothekerpflicht von Nürnberg
1505	Große Pest in Nürnberg	1505/06	Beginn der großen Reformation des Nürnberger Apothekenwesens
1529	Englischer Schweiß in Nürnberg	1529	Neue Apothekerpflicht in Nürnberg
1543	Großes Sterben in Nürnberg	1545	Neue Nürnberger Pestordnung
		1547	Einführung des Dispensatoriums von Valerius Cordus, des ersten amtlichen Arzneibuches der Welt
		1592	Nürnberger Pestordnung und Apothekerordnung

Die Fortschritte in Medizin und Pharmazie waren somit Grundlage, Pest und andere Notstände häufig Anlaß zur Einführung von Medizinalordnungen.

Angst brachte während der Choleraepedemien des 19. Jahrhunderts eine Flut unsinniger Vorbeugungsmittel hervor, die trotz der ernsten Situation die Karikaturisten auf den Plan rief.

Portrait eines „Cholera-Präservativ-Mannes oder Strenge Diät, wie sie heutigen Tages leicht zu halten wäre".

„Ein Mensch, mit allen Präservativen versehen, muß folgendermaßen einhergehen. Um dem Leib erst eine Haut von Gummi Elasticum, darüber ein großes Pechpflaster, über diesem eine Binde mit 6 Ellen Flanell. Auf der Herzgrube einen kupfernen Teller. Auf der Brust einen großen Sack mit warmem Sand. Um den Hals eine doppelte Binde, gefüllt mit Wachholderbeeren und Pfefferkörnern, in den Ohren zwei Stück Baumwolle mit Kampher; an der Nase hat er eine Riechflasche von Vinaigre des quatre voleurs hängen, und in dem Munde eine Cigarre. Ueber den Binden ein Hemd in Chlorkalk, darüber eine baumwoll'ne Jacke, darüber einen heißen Ziegel, und endlich eine Weste mit Chlorkalk; flanellene Unterbeinkleider, Zwirnstrümpfe in Essig gekocht, und Schafwollstrümpfe darüber mit Kampher eingerieben. Sodann zwei Kupferflaschen-Sohlen mit heißem Wasser gefüllt und Oberschuh darüber. Hinter den Waden hat er zwei Wasserkrüge hängen. Sodann einen großen Überrock aus Schafwolle mit Chlor, und über den ganzen Anzug einen Mantel aus Wachsleinwand und einen dito Hut. In der rechten Tasche trägt er ein Pfundt Brechwurzel und ein halbes Pfundt Salbey, in der linken Tasche ein Pfundt Melissenthee und ein Pfundt Eberwurzel. In der Westentasche eine Flasche mit Kamillenöl und eine Flasche mit Kampheräther. Auf dem Hut eine Terrine mit Graup-Suppe, in der linken Hand einen ganzen Wachholder-Strauch, und in der rechten Hand ein Räucher-Gefäß, worauf eine Tasse mit Essig und Gewürznelken. Hinter sich an den Leib gegürtet schleppt er einen Karren nach sich, auf welchen sich eine Badewanne, 15 Ellen Flanell, ein Dampfbad-Apparat, eine Räucherungs-Maschine, 8 Frottir Bürsten, 18 Ziegel, zwei Pelze, ein Bequemlichkeits-Stuhl und ein Nachtgeschirr befinden. Über dem Gesicht muß er noch eine Larve aus Krausemünzenteich haben. So ausgerüstet und so versehen ist man sicher, die Cholera am ersten zu bekommen."

Portrait einer „Cholera-Präservativ-Frau" aus dem Jahre 1832.

„Ueber Flanellbinden einen kupfernen Brustfleck; ein Mieder aus Gummi Elasticum. Ueber dem Kleide einen Gürtel von kleinen Ziegelsteinen, mit einer hintennach fliegenden Schleife aus Wachstafft. Unterbeinkleider, am Fuße dreidoppelt mit Kräutersäckchen garniert. Schuhe und Ueberschuhe mit Wärmflaschen. In großen runden Gigot-Ermeln hat sie Tücher, Flanellwollen, Bürsten, Sandsäcke u.s.w. eingepackt. Um den Hals ein Collier aus Salzsteinen und Pfefferkörnern. In den drei Haarflechten hat sie Essigflaschen, Chlorkalk-Töpfe und Suppentassen stehen. Oben an der Spitze eine kleine Windmühle, um die Luft zu reinigen. In den Ohren Gehänge von Zwiebeln und kleinen Knoblauch, woran als Stein-Sevigné ein Kampherfläschchen. Ein Band, welches unter dem Kinn zugebunden wird aus Wachholderbeeren und Parfümfläschchen. In der einen Hand ein Körbchen mit einem oekonomischen Feuerherd, Ziegeln, Wasserkrügen u.s.w. In der andern Hand einen aufgespannten Sonnenschirm mit einem Wachholderzweige, kleine Säcke mit Chlorkalk hängen, an den Fischbeinen und an der Spitze ist eine Nothglocke angebracht. Ihr Schooshündchen läuft hintenher, mit einer Cholera-Binde um den Leib, den Schweif mit Fliederzweigen geschmückt, und die Füße in Socken. In dem Munde trägt er einen Querstock, an dessen beiden Enden ein Lavement-Apparat und Stockbecken hängen. Um den Hals trägt er eine Kupferplatte mit der Inschrift: Nur nicht ängstlich!"

Von Drogen und Drogenhandel

Das Wort Droge (engl. drug, franz. drogue, ital.-span. droga) wird verschieden gedeutet. Einmal leitet man »Droge« vom mittelniederdeutschen »droge fate — trockene Fässer« ab (d. h. Güter in Packfässern). Von dem Verpackungsmaterial also soll der an sich adjektivisch verwendete Begriff »droge« (niederdeutsch auch »dröge«, »droog«) irrtümlich auf den Inhalt der Packung übertragen worden sein. Da die Drogen in mittelalterlichen Zolltarifen oft unter dem Sammelnamen »trukhen guet — trockene Ware« aufgeführt wurden, könnte tatsächlich auf diese Weise die Ableitung von dem Adjektiv »trocken« herbeigeführt worden sein. Diese Auffassung wird dadurch unterstützt, daß der Ausdruck Droge schon Anfang des 14. Jahrhunderts im Englischen erscheint, einer dem Niederdeutschen verwandten Sprache. Erst im Laufe des 15. Jahrhunderts wurde er bei lateinisch schreibenden Schriftstellern und im Italienischen sowie Französischen verwandt. In spanisch-portugiesischen und deutschen Quellen ist das Wort aber erst Ende des 16. Jahrhunderts nachzuweisen. Die zeitliche Folge seines Auftretens würde demnach auf den Norden als Ausgangspunkt hinweisen. Nun wandert aber selten ein Wort für eine Ware aus der Sprache der Empfängerländer, hier des germanischen Sprachkreises, als Lehnwort über die Sprache der Lieferanten (der Romanen) in die der Produzenten, also der orientalischen Länder. So gewinnt die Ansicht der Arabisten an Gewicht, die das Wort Droge auf das arabische »dowâ (Mehrzahl: »adwiya«) — Heilmittel, medicina«, zurückführen wollen. Die etymologischen Ableitungen vom mittelpersischen »dârûk — Heilmittel« oder vom slawischen »drogo — teuer«, vom keltischen »droch — schlecht« oder von »trochiscus«, dem Apothekerwort für Pastille, und vom mittellateinischen »tragea«, das von dem griechischen »τράγημα« kommen soll, was Naschwerk wie Nüsse, Zuckergebäck u. dgl. bedeutet und von dem sich das französische »dragées« ableitet, dürften mehr oder weniger abwegig sein. Wahrscheinlich entstammt das Wort »Droge« tatsächlich dem Arabischen und hat sich im germanischen Sprachkreis mit dem Begriff »trocken« verschmolzen. Der Begriff Droge hat im Laufe der Zeit Wandlungen durchgemacht und sich beträchtlich ausgeweitet. Ursprünglich bedeutete Droge einen wertvollen Arzneistoff, zu dem vorwiegend Aromata gerechnet wurden. In England unterschied man im 17. Jahrhundert Drogen zur Bereitung von Süßigkeiten und Apothekerdrogen im Sinne von Medizinaldrogen. Der Etymologie entsprechend wurde die Droge grundsätzlich als eine trockene Ware betrachtet. Aber der Begriff erweiterte sich später: Große Lexika des Mittellateins, so das von Du Cange, verstanden unter ihm einfach Aromata und Rohstoffe zur Bereitung von Heilmitteln »et alias compositiones«, manchmal auch Arznei- und Farbwaren. Meyers Konversationslexikon von 1870 definierte:

> »Drogen = Apothekerwaren, in Süddeutschland Materialwaren, alle roh und halb zubereiteten Produkte der drei Naturreiche, welche hauptsächlich in der Medizin und Technik verwendet werden. Auch gewisse Präparate aus Hüttenwerken und chemischen Fabriken zu gleichem Gebrauch.«

Nach der Jahrhundertwende rechnete man im allgemeinen Mineralien nicht mehr unter die Drogen. Der Große Duden (1939) beschrieb kurz: »Droge — tierischer oder pflanzlicher (Roh-)Stoff, Farbware.«

In den verschiedenen Fachgebieten werden heute unterschiedliche Definitionen aufgestellt, z. B. für die Technik, für die technische Chemie, für die Warenkunde, für Medizin und Pharmazie. Bis heute sind also die Grenzen des Begriffes Droge noch immer fließend. Ganz klar und allgemein verbindlich wird man ihn wohl nie umreißen können, da jede Fachrichtung ihre Definition den eigenen Gesichtspunkten und Erfordernissen entsprechend fassen wird.

Die Bedeutung der Drogen im Mittelalter und ihr Verkauf in den Apotheken

Das Abendland lernte die orientalische Droge vor allem zur Zeit der Kreuzzüge kennen und schätzen, es verwendete sie bald in immer größeren Mengen in Küche und Heilkunde. »Unter den Gegenständen des Handels im Hoch- und Spätmittelalter sind an erster Stelle die Waren des Orients zu nennen, als da sind: Spezereien, Wohlgerüche, Farbstoffe, Südfrüchte; Gewürze — Pfeffer (vom indischen pippali; eigentl. Beere), Ingwer (indisch »singabêra — horngestaltet«), Galgant (arabisch »chalandschan«), Gewürznelken, Muskatnuß und Muskatblüte, Zimt (malaiisch »kai manis — süßes Holz«, italienisch »canella von canna — Rohr«), Kardamomen usw.«.

Bevor der Wechsel der Fruchtfolge und des Rübenanbaus Winterfutter für das Vieh verschaffte, wurde in Nordeuropa das meiste Rindvieh im November geschlachtet und eingepökelt oder geräuchert; den ganzen Winter hindurch bis weit in den Frühling hinein mußte die Bevölkerung sich von diesem »Konservenfleisch« ernähren. Um eine derartige, monotone Kost geschmackvoller zu gestalten, verwendete man Gewürze, besonders Pfeffer und Nelken in großem Umfang. Überdies gab es im Mittelalter keine Kartoffeln, weniger Gemüse als heute, weniger Beigerichte, so daß jede bessere Küche das ganze Jahr hindurch reichlich Gewürze verbrauchte. Aber diese kamen nicht nur als Zutaten und Geschmackskorrigentien für Nahrungsmittel in Betracht; zumal Tee, Kaffee und Kakao bis tief in die Neuzeit hinein weiten Kreisen der Bevölkerung unbekannt blieben. Zucker galt als Arznei und teurer Luxusartikel, er wurde lange Zeit nur in der Apotheke gehandelt. So half man sich, indem man das dünne Bier, saure Weine und verschiedene im Haus hergestellte Getränke würzte. Von einem

Bildseite 105

Vierkantgefäß aus reinem farblosen Glas für Mercurius dulcis (Quecksilber-I-chlorid), Höhe 7,2 cm, Breite und Tiefe je 5,7 cm (18. Jahrhundert).

DULCIS

Festmahl, das die Stadt Nürnberg am 2. Februar 1496 dem Markgrafen Friedrich zu Ehren gab, wird berichtet, daß an Gewürzen (wir runden die Zahl ab) 8½ Pf Safran, 14 Pf Ingwer, 3 Pf grüner Ingwer, 7½ Pf gestoßener Pfeffer, 4 Pf Gewürznelken, 2½ Pf Zimt, ¼ Pf Muskatnuß und ebensoviel Muskatblüte, 3 Pf Kümmel und 8 Pf Kapern verbraucht wurden. An Süßigkeiten, denen man damals recht hold gesinnt war, finden wir 57 Pf gestoßenen Zucker (11 Pf für 1 Gulden), 40 Pf allerlei Konfekt, 24 Pf venedische Mandeln, 56 Pf venedische Weinbeeren, 48 Pf Rosinen, 18 Pf Feigen, 14 Pf Trisenett (mit Zucker vermischtes geröstetes Gewürzpulver) und 102 Pf Pomeranzen aufgeführt. Selbst wenn das Pfund damals um vieles leichter war als heute, so bleiben doch beachtliche Mengen.

Seit dem 11. Jahrhundert wurde antikes, durch die Araber tradiertes Wissen immer mehr in die abendländische Medizin übernommen, die Herstellung zusammengesetzter Arzneimittel setzte sich durch, und orientalische Drogen fanden zunehmend Eingang in den Arzneischatz Europas. Es ist die Zeit, die die »Apotheke« zum Inbegriff des Wohlgeruchs machte und sie für die kostbarsten Vergleiche zum Ausdruck des Feinsten an Geschmack und Inhalt werden ließ. Deutsche Minnesänger benutzten Vergleiche wie »Daz der munt uns als ein apoteke smecke«. Maria, die Gottesmutter, feierte der um 1280 gestorbene Konrad von Würzburg in seiner »Goldenen Schmiede« als eine »apoteke wünneclich«. Heinrich von Meißen gen. Heinrich Frauenlob (1253—1318) nannte sie »Du apoteca rich mit aromat gezieret« — Aber auch aus einem Lehrgedicht naturwissenschaftlichen Inhalts des 13. Jahrhunderts entsprechen sich die Vorstellungen von Apotheke und Droge. Jakob von Maerlant dichtete in seiner »Naturen Bloeme«:

»Die Namen von crude diere in sijn
sal ic ju nommen in Latijn
die Kennesse also alst waer is
sel kennen elc apotecaris.«

Auf die Verbindung von antiker Pharmazie mit dem neuen Wissen deutet der Vers hin, in dem von Aristoteles bis zum Apotheker des 13. und 14. Jahrhunderts über das »crude«, d. h. die droge, eine Brücke geschlagen wird:

»Aristoteles te wentene doet
Dat nuttelic es ende sere goet
Want hi doet ons verstaen
Dat apotecarise vaen
Ende hondent in hare apoteken
Met crude die si daer to reken
Maken si van hem specie diere
Nuttelic van menegher maniere.«

Die Regale der Apotheken waren im späten Mittelalter und in der Neuzeit voll von Standgefäßen mit Gewürzen, deren Wohlgeruch und Geschmack sowohl dem Heilkundigen als auch seinem Patienten Vertrauen einflößten und ihn glauben machten, sie besäßen hohe medizinische Eigenschaften.

So schreibt ein Arzneibuch aus der Mitte des 12. Jahrhunderts vor:

»Electuarium contra ydropisin (Wassersucht): Nim den cumin (Kümmel), un de atechessa (Sambucus ebulus — Attich) unciam I, cariofeles I, piper I, reoponticum (Rheum rhaponticum) V phennige gewage, costes (Costus) VIII, galgan V, lorber als vile, granomestice (Mastix) VIII, II unicas feniculi (Fenchel) ...«

»Ad lippitudinem oculorum (Augenentzündung): Nim daz guote chinin (Zimt) unde daz caferon ... nim wizzes wirouches libras duas, manna II, aloe II, mirra II, auripigmenti III, draganti I, piperis albi I, litargiri II, cerose (Wachs) I ...«

Aus diesen beiden Beispielen, die sich beliebig vermehren ließen, ist die weitreichende Verwendung der Drogen Asiens und Afrikas in der mittelalterlichen europäischen Medizin ersichtlich.

Was einmal über den Safran geschrieben worden ist, gilt ähnlich für alle anderen Gewürzdrogen: »... wir würden uns ins Unendliche verlieren, wenn wir alle die Krankheiten aufzählen wollen, gegen die der Safran in früherer Zeit angewandt worden ist. ... wohl selten bei einer Droge tritt aber auch der Gegensatz zwischen der ehedem ungemein mannigfaltigen Anwendungsweise und der heute sozusagen totalen Obsolenz so kraß wie gerade bei diesem Arzneimittel zutage« (K. Rüegg).

Riechstoff- und Räucherdrogen waren in den engen, muffigen Straßen der mittelalterlichen, durch Wall und Graben eingezwängten Stadt, die oft von Fieber und von Seuchen heimgesucht wurde, eine ständige Notwendigkeit. Sie galten teils als Komfort, teils als vermeintlicher Schutz gegen Ansteckung. So empfahl eine Nürnberger Pestordnung aus dem Jahre 1543 »Ein kurtz Regiment, wie sich zu Zeiten der Pestilenz zu halten sey; durch die Gelerten und erfarnen der Ertzney doctores gemert und gebessert« folgendes Räucherpulver:

»... und zur bereuchung deiner gemach, als stuben und schlaffkamern, darin du dein wohnung hast, magst du dieser pulveres geprauchen, des ein wenig auff ein frisches gelut (Glut) zu thun.

Bildseite 109

Georg Palma, einer der bedeutendsten Nürnberger Ärzte, ist in einer Apotheke aufgewachsen. Auf dem Bild aus dem Jahre 1576 (Nicolaus Neufchâtel zugeschrieben), das ihn, 33 Jahre alt, zeigt, hält er ein aufgeschlagenes Buch mit Pflanzenabbildungen in Händen. Es ist dies ein Hinweis darauf, daß Palma an naturwissenschaftlichen, vor allem botanischen Fragen sehr interessiert war. Sein Herbarium, eine Sammlung gepreßt-getrockneter Pflanzen, existiert heute nach 400 Jahren noch.

Palma wurde zusammen mit seinem Freund Joachim Camerarius II zum Reformator des Nürnberger Medizinal- und somit auch Apothekenwesens, seine Bibliothek ist eine der wertvollsten Sammlungen naturwissenschaftlichen und medizinischen Schrifttums gewesen, die, weitgehend erhalten, zu den kostbarsten Beständen der Nürnberger Stadtbibliothek zählt.

R. Storacis calamitate
Ase dulcis — an uncie 2 (zu gleichen Teilen 2 Unzen)
Lignum aloes
Laudani — an uncia 1 (zu gleichen Teilen 1 Unze)
Gariophili
Cinamomi
Osalete — an uncia 1/2 (zu gleichen Teilen 1/2 Unze)
Modefiant cum aqua rosarum.« (mit Rosenwasser zuzubereiten)

Auch in Handwerk und Gewerbe fanden die orientalischen Drogen Eingang. Vor allem in der Färberei wurden sie viel verwendet. Cochenillelaus und Brasilholz für rote, Safran für gelbe, Indigo für blaue, Gallus für schwarze Farbtöne sind nur einige Beispiele. Die gleichen Drogen, dazu Drachenblut, Armenischer Bolus und Mastix, benötigte der mittelalterliche Maler.

Außer den Drogen, die im Mittelalter und zu Beginn der Neuzeit noch medizinische Verwendung fanden, wurden in den alten Offizinen aber auch Waren verkauft, die keine therapeutische Bedeutung hatten, z. B. Mandeln, Rosinen, Zitronen, Zucker, Zuckerplätzchen, Konfekt, Baumöl und ähnliche Dinge, daneben auch Siegellack, Tinte, Papier, Bindfaden u. a. Es ist oft darauf hingewiesen worden, daß man dem Apotheker den Versuch, sein Einkommen mit am Rande seiner Profession liegenden Dingen zu festigen, zubilligen müsse: Sein Risiko sei zwar das eines Kaufmannes, seine Verpflichtungen dem Gemeinwohl gegenüber aber machten ihm völlig unkaufmännische Auflagen.

Die hohe Wertschätzung, die besonders die Gewürzdrogen im Mittelalter erfuhren, wird dadurch dokumentiert, daß bei symbolischen Zollabgaben meist ein Pokal mit Pfeffer überreicht wurde. Der Zollvertrag der Nürnberger mit Worms legte z. B. fest:

»In civitate Uvormatensis in festo sancti Johannis baptiste (24. Juni) si unus Nurembergensis dabit ibidem l i b r a m p i p e r i s et duas cirathecas, anno illo nihil aliud solvent vel Nurembergenses. — In der Stadt Worms am Feste Johannes des Täufers (24. Juni). Wenn ein Nürnberger ein Pfund Pfeffer und zwei Handschuhe geben wird, so soll in diesem Jahre fortan kein anderer Nürnberger Bürger einen Zoll entrichten.«

Ähnliche Vereinbarungen über die Abgabe von einem Pfund Pfeffer und zwei weißen Handschuhen hatte Nürnberg mit Mainz, München und Frankfurt a. Main abgeschlossen. In der Mainstadt erfolgte die Übergabe des symbolischen Zolles in dem berühmten »Pfeiffergericht.« Im historischen Museum von Frankfurt befindet sich noch einer dieser Holzpokale, gefüllt mit Pfefferkörnern. Auch als Geschenk wurden Gewürzdrogen gerne verwendet:

»Item santen oder schankten (wir) unserem gefatern ...
1 Pf negellein und 1 schusel mit feygen.«

Ende des 13. Jahrhunderts verbot die Signoria (der Rat) Venedigs sogar dem Dogen, weiterhin Drogen und Safran als Geschenk anzunehmen.

Am Oberrhein nannten sich die Krämerzünfte (-gesellschaften) nach den am meisten importierten Drogen. In Basel hieß z. B. das Zunfthaus der Krämer zuerst »zum Ingeber«, dann Anfang des 15. Jahrhunderts »zum Pfeffer«, schließlich ab 1423 »zum Safran«. Diese Zunft rangierte seit 1336 als erste von 13 Zünften unmittelbar hinter der Gesellschaft der adligen und reichen Geschlechter. Auch in London schloß sich 1365 die Gilde der »Pepperers« als erste Vereinigung der Drogen- und Spezerei-Importeure mit den Großhändlern und Apothekern zusammen.

Handelsstraßen

Welchen Weg hatten diese Drogen zurückgelegt, bevor sie in den Büchsen und Tonnen europäischer Apotheken gelandet waren? Arabische Händler segelten mit ihren Drogenladungen von Südostasien oder Ostafrika entweder zum Persischen Golf, von wo Karawanen die Güter an die syrischen Levantehäfen (Beirut, Jaffa) brachten, oder durch das Rote Meer bis Suez. Von dort wurden die Frachten auf Kamelen nach Alexandrien geschafft, wo die Galeeren Venedigs sie erwarteten. Die venezianischen Schiffkonvois fuhren zu bestimmten Zeiten in die Levante, so daß man fast von einem Liniendienst sprechen kann. Schon in einer Urkunde des Jahres 1158 wird als Zahlungstermin der Zeitpunkt bestimmt, an dem die »... muda navium in Venezia de Constantinopoli aut de Alexandria« stattfand. Muda (von mutare — vertauschen) nannte man ursprünglich die Zeit des Aufenthaltes der Schiffe des Abendlandes in einem Levantehafen, weil die damit zusammenfallende Messe den Charakter eines Tauschmarktes hatte; die Schiffe tauschten nämlich zu dieser Zeit ihre Ladungen aus. Der Begriff wurde im Laufe der Zeit dann auch auf die regelmäßigen Kauffahrteifahrten in die Levante ausgedehnt. Vier große Geschwader liefen regelmäßig aus: nach Ägypten, nach Zypern und Syrien, nach Konstantinopel und dem Schwarzen Meer sowie nach dem vorderen Nordafrika. Die erste wesentliche Erwähnung eines solcherart organisierten Drogenhandels im Mittelalter findet sich im »Thietmari Chronicon«:

»Quatuor naves Venetorum magne diversisque pigmentis referte naufragium sunt in predicto anno (1017) perpessae. — Vier venezianische Schiffe, hoch mit den verschiedensten Drogen

Bildseite 113

»Zum 4. Juli des Jahres 1614 ist Adrian Poll, Apothekergesell, zu einem Zwölfbruderer, an undt aufgenummen wordten; seines Alters im 50. Jar, starb im Spittal seeliglich den 3. Martii des Jahres 1629. Ist 14 Jahr und 8 Monath im Zwölfbrüderhauß geweßen und 74 Jahr alt worden, und ligt bey St. Johannes unter dem Zwölfbrüderstein begraben.«

[eigentlich pigmentum — die Farbware, das Färbemittel; aber schon im Klosterplan von St. Gallen im 9. Jahrhundert als Arzneistoff verstanden] beladen, gingen im vorgenannten Jahre (1017) durch Schiffbruch verloren.«

Der weite Transport und die hohen Zölle, mit welchen besonders die ägyptischen Sultane die orientalischen Drogen belasteten, verteuerten die Ware auf ihrem Wege bis an die Mittelmeerhäfen beträchtlich. Die Venezianer, auf die die Handelsvollmacht von Byzanz zum größten Teil übergegangen war, trieben die Preise, gestützt auf ihre monopolistische Handelspolitik, weiter in die Höhe. Von der Adriametropole gelangten die Drogen dann entweder auf dem Seewege nach Flandern und England oder über die Alpen nach Deutschland und Osteuropa. Auf diesem Wege stellten die transalpinen Straßen für den Kaufmann die größten Unsicherheitsfaktoren dar.

In fast allen Abhandlungen, die sich mit dem Handel zwischen Italien und Deutschland beschäftigen, werden die transalpinen Straßen erwähnt. Deshalb soll an dieser Stelle einmal auf die Quellen derartiger Darstellungen eingegangen werden. Den Routen, Straßenverhältnissen, Transportschwierigkeiten und -unkosten an Hand von Aufzeichnungen der Reisenden des 15. und 16. Jahrhunderts nachzugehen, ist besonders reizvoll. Um 1500 fertigte der Nürnberger Kompaßmacher Erhard Etzlaub eine Landstraßenkarte an, die im Jahre 1501 bei Georg Glogkendon in Nürnberg gedruckt wurde. Sie ist wohl die älteste im neuzeitlichen Europa und war für lange Zeit die genaueste. Auf ihr gehen 13 Straßen von der fränkischen Reichsstadt aus, an denen man die Handelswege der Nürnberger Kaufmannschaft im 15. und 16. Jahrhundert genau verfolgen kann.

Auf verschiedenen Wegen »rollten« die Waren, und mit ihnen auch Ideengut, von Venedig aus über die Alpen nach Nürnberg. Die Hauptrouten waren die »obere« und die »untere Große Tiroler Straße« und die »obere« und »untere Tauernstraße« sowie die »Reschenstraße« über den Fernpaß (1203 m) und den Reschen-Scheideck-Paß (1500 m). Vor dem Ausbau des »Kuntersweges« (1317), »als man auf der Brennerstrecke zwischen Bozen und Klausen noch den Ritten hinauf und hinab klimmen mußte, war die obere Straße überfüllt«. In Kriegszeiten gewährten die Landesherren sogar Zollvergünstigungen für die Reschenstraße, um den Weg über den Brenner für Truppendurchzüge und Provianttransporte freizuhalten. 1526 reiste der Nürnberger Hieronymus Koler d. Ä. (1507—1573) mit einem Handelskonvoi über die Reschenstraße mit folgenden Stationen:

»Volgt mein weg von hieaus (Nürnberg) gen Venedig: Item erstlichen gen Roth, Weyßenburg, Dietfurth, Manheym (Monheim), Thonawerd (Donauwörth) Westendorff, Augspurg, Raumenkessel (St. Leonhard-Römerkessel bei Asch), Milß, Starckenbach, Hollenstein, Pfuntz, Nauders, Malß, Schlanders, Rablanth, Dörlein (Terlan), Newenmarckt, Trienth, Lese (Levico), Grinn (Grigno), Mesterß (Mestre), Venedig.«

Auf der unteren Großen Tiroler Straße, der sog. Brennerstraße, herrschten lange Zeit am Brennerpaß sehr schlechte Wegverhältnisse, zudem war die Talenge des Eisack zwischen Bozen und Klausen für den Handelsverkehr völlig unpassierbar. In den Jahren 1314—17 ließ der Bozener Bürger Heinrich Kunter dort eine Straße anlegen, die nach ihm den Namen »Kuntersweg« erhielt. Aber noch bedurfte es der umfangreichen Straßenerneuerungsarbeiten Herzog Sigismunds von Tirol in den achtziger Jahren des 15. Jahrhunderts, ehe die Verkehrsgunst der Brennerstraße voll zur Auswirkung kam. Der Ulmer Predigermönch Felix Faber hat ihren Zustand vor und nach dem Ausbau bei seinen verschiedenen Alpenüberquerungen in den Jahren 1480 bis 1484 kennengelernt und darüber anschaulich in seinem »Evagatorium« berichtet:

> »Nach Brixen kamen wir zum Kuntersweg (ad viam Conteri), auf dem wir eine gute Weiterreise hatten. Der Herzog von Österreich hat ihn so herrichten lassen, daß man mit Fuhrwerken denselben hinauf und hinunter fährt und alle anderen Wege verlassen sind (omnibus viis dimissis) ... Es ist noch nicht zwei Jahre her, da war dieser Weg noch so schlecht und gefährlich (adeo mala et periculosa), daß man ihn nur mit großen Schwierigkeiten, das Pferd an der Hand nachziehend, begehen konnte, ... er war in einem so schlechten Zustande, daß man darüber öffentlich Spottlieder sang. ... Der genannte Weg ist zwei Deutsche Meilen lang.«
>
> »... auf dem alten Wege [am Brennerpaß] wären wir auf keinen Fall weitergekommen, so ritten wir über viele, künstlich mit Fleiß vom Fürsten Sigismund unter großem Aufwand angelegte Wege ...«

Seit dem Ende des 16. Jahrhunderts zog diese Route den Hauptverkehr des Nürnberger und Augsburger Venedighandels an sich. Etzlaub führte die Reschenstraße in seiner Landkarte schon nicht mehr auf.

Die Verkehrsdichte läßt sich in etwa an Hand der Zollregister abschätzen. So passierten z. B. 1434 von Februar bis August 537 Wagen (ca. 6000 Ztr.) die Zollstätte in Pfunds am Reschenpaß; am Brenner wurde von 1410 bis 1430 eine jährliche Frachtmenge von 3600 t besteuert, dies bedeutet für das Halbjahr 36 000 Ztr., 1480/81 waren es in Pfunds in einem Rechnungsjahr noch 1593 Wagen, von Februar bis August 1483 (also nach dem Ausbau der Brennerstraße) nur noch 227! Eine genaue Unkostenaufstellung einer solchen Reise nach Venedig hat der Nürnberger Kaufmann Friedrich (VII) Behaim (gest. 1533) aufgezeichnet: »Rechnung über die 20 fl, so ich auff der Raiß von Nürnberg biß auf Venedig verzehrt hab.« Für Verzehr, Übernachtung, Beschlagen des Pferdes, Sattelreparaturen, Schiffskosten von Mestre bis Venedig gab er in den 10 Tagen, die er unterwegs war (30. August bis 10. September), 3 fl (Gulden) 25 den (Denare) aus.

In Sterzing mündete in die Brennerstraße die sog. »Strada d'Allemagna«. Die Venezianer waren nach 1339 bemüht, die Warenzüge aus und nach Deutschland über diese Straße zu leiten, weil auf ihr die ihnen feindlichen Gebiete von Padua und Verona umgangen werden konnten. Im Jahre 1365 schickte die Signoria Venedigs sogar eine Gesandtschaft nach Deutschland, um die beiden Handelswege durch Tirol, den »Caminum Usporgi — die Augsburgstraße« (Reschenstraße) und

Joachim von Sandrart (1606—1688), in Frankfurt geboren, in Nürnberg gestorben, hat eine »Safranschau« gemalt. Den Bildern dieses zu seiner Zeit auch wirtschaftlich und gesellschaftlich recht erfolgreichen Malers mag der letzte künstlerische Funke fehlen. Doch durch ihren dokumentarischen Charakter, den auch diese Nürnberger Gewürzschau trägt, werden seine Bilder (wie die seines Lehrers M. Merian) besonders wertvoll. Das fast in der Art eines Triptychons aufgebaute Gemälde vermittelt auf anschaulichste Weise, wie man sich die in aller Welt so geschätzte Drogenprüfung in Nürnberg vorzustellen hat.

den »Caminum Bavariae — die Bayernstraße« (Brennerstraße), zu sichern. Über diese Route ging auch der Flandernhandel der Venezianer.

Auch die Nürnberger Jörg Pfinzing, Hans Tucher und Sebolt Rieter überquerten auf ihren Pilgerreisen ins Heilige Land in den Jahren 1436 und 1479 die Alpen auf der Strada d'Allemagna; Tucher bewältigte die Strecke Nürnberg-Venedig in 13 Tagen. Die östliche Route, die Tauernstraße, wurde vor allem von den Nürnberger Kaufleuten bevorzugt, die an Bergwerken Kärntens oder der Steiermark beteiligt waren. Aus den Aufzeichnungen des Augsburger Kaufherrn Hans Paumgartner des Älteren (1455—1527) läßt sich ersehen, daß diese Straßen tatsächlich stark befahren wurden. Als Handelswege für die Hauptausfuhrartikel Venedigs nach Nürnberg gibt Paumgartner nur die sog. untere und obere Tauernstraße an, die Tiroler Straßen erwähnt er nicht.

In Salzburg vereinigten sich die beiden Paßstraßen. Die Strecke bis Nürnberg führt der Judenburger Kaufmann Clemens Körbler in seinem Handelsbuch aus den Jahren 1526—1548 auf; seine Route entspricht genau derjenigen, welche Etzlaub in seiner Straßenkarte eingezeichnet hat.

Verkehrsverhältnisse

Der Zustand der mittelalterlichen Wege und Straßen förderte den Handel keineswegs. Die Straßen waren kaum befestigt und bis zu 160 m breit, die Fahrspuren schlängelten sich je nach Bodenfestigkeit, die jährlich wechseln konnte, in diesem Straßenbett hin und her. Zwei- oder mehrrädrige Wagen konnten meist nicht darauf fahren, so daß die Kaufleute für den Transport oft Saumtiere (Packpferde, Maultiere, Esel) verwendeten, obwohl in immer größerem Umfang entsprechend dem Ausbau der Straßen auch Wagen eingesetzt wurden. Hindernd und verteuernd wirkten sich für den Handel auch die vielen Zollstätten, die Stapelrechte privilegierter Orte und die »Grundruhr« aus. Das Stapelrecht zwang die Kaufleute, für eine Nacht ihre Waren in der betreffenden Stadt zu lagern. Nach dem Grundruhrrecht war alles Gut, das bei Achsenbruch oder Stürzen von Tragtieren usw. den Boden berührte, dem Grundherrn verfallen. Die Handelswege folgten deswegen nicht immer der kürzesten Route, sondern suchten oft derartige Hemmnisse zu umgehen. Manchmal konnte die Straßenführung von dazu privilegierten Ständen vorgeschrieben werden. Im Mittelalter bestand außerdem für Kaufleute nicht nur dieser oft recht weitgehende Routenzwang, sondern die Kaufmannsgüter unterlagen auf einigen Verkehrsstraßen, besonders in Tirol, auch dem »Rodrecht« bestimmter Ortschaften. Die Gemeindegenossen hatten das Monopol, den Transport der Güter bis zum nächsten Ort zu besorgen oder nach dem mittelalterlichen Ausdruck »auf den Rod zu fertigen«. Zur schnellen Beförderung gewisser Güter, wie Spezereien, gab es allerdings schon sehr früh sog. Eigenachs- oder Adviturawagen, die ohne Behinderung, Niederlegung oder Umladen der

Waren durchfuhren; die Gebühren mußten aber meist bezahlt werden. Für den Fernhandel war der Konvoi die Regel, so schlossen sich daher mehrere Handelsgesellschaften, auch aus verschiedenen Städten, zusammen. Der einzelne Kaufmann verteilte seine Waren gern auf mehrere Transporte, um das Risiko zu verringern. Die Tagesleistung eines Handelszuges dürfte ungefähr bei 5 Meilen gelegen haben, in den Alpen, wo man Reisepackpferde einsetzte, betrug sie 7 Meilen. Für die Strecke Venedig (Mestre) — Nürnberg benötigte ein Konvoi auf der Brennerroute demnach 14 bis 16 Tage, wenn er nicht behindert wurde. Ein berittener Kaufmann legte die Strecke in ungefähr 10 Tagen zurück, während man bei einem Boten mit 4—6 Tagen rechnete. Schon im Mittelalter bestand ein gut eingerichteter Eilbotendienst von Venedig nach Nürnberg. Die Reiter wurden je nach Schnelligkeit entlohnt:

für 4 Tage Reisezeit	78—80 fl rh(einisch)
für 4 Tage 6 Stunden	50 Dukaten in Gold
für 5 Tage	48—50 fl rh.
für 6 Tage	25—33 fl rh.

Oft wurde der Botenlohn aber auch nach den zurückgelegten Meilen berechnet. Im »Fondaco dei Tedeschi«, dem Kaufmannshaus der Deutschen in Venedig, wurden eigene Boten für die Nachrichtenübermittlung nach Deutschland unterhalten, die meist Nürnberger waren oder doch von diesen bestellt wurden. 1474 entbrannte um die Besetzung der Botenstellen ein Streit zwischen den Nürnbergischen und Augsburger Kaufleuten im Fondaco. Die Nürnberger beklagten sich beim Rat ihrer Heimatstadt, die neuerdings als Boten verwendeten Augsburger würden die Briefe nicht unparteiisch befördern, sondern die der Nürnberger zurückhalten und verzögern. Die Augsburger wiesen diese Beschwerden natürlich zurück.

Nürnberger Kaufleute in Venedig

Die älteste bis jetzt aufgefundene Urkunde, die zuverlässig den wohl ersten Nürnberger Kaufmann im Fondaco dei Tedeschi erwähnt, datiert vom 16. April 1344: Ein »Henricus de Norimberga« erhält Strafnachlaß für sein Vergehen, unausgepackte und daher nicht registrierte Ware verkauft zu haben. Der erste in Venedig nachgewiesene Nürnberger ist Marquard Tockler im Jahre 1331.

Sicherlich haben sich aber schon lange Kaufleute aus der fränkischen Reichsstadt in der Adriametropole aufgehalten; denn bereits in einem Schreiben des Jahres 1347 weist die venezianische Regierung darauf hin, daß der Handel mit Venedig den Nürnbergern größten Vorteil und Gewinn gebracht habe, sie hätten sich aus dem Nichts zu gewaltigem Reichtum emporgeschwungen. Der genaue Beginn der Handelsbeziehungen läßt sich nicht eindeutig festlegen, die Schätzungen reichen

Von Johannes Helfrich Jungken erschien 1697 ein »Corpus Pharmaceutico chymico-medicum sive Concordantia Pharmaceuticorum«, das in seinem Titelbild, einem von E. Neßenthaler ausgeführten Kupferstich, versicherte, alles geschehe zum öffentlichen Wohle. — Die Deutung des Frontispizes ist diese: Aus den Tiefen der Erde wird das Gestein und Metall gefördert, über die Meere geht die weite Fahrt, in den Retorten und Öfen der Laboratorien wird die Materie geläutert. Aber auch aus den Kräutern, Wurzeln und Gräsern kommen die Heilmittel, wie die Sammlung auf dem Rezepturtisch verdeutlicht: »Omnia in salutem publicam.«

vom 11. bis zum Anfang des 14. Jahrhunderts. Es dürfte aber sicher sein, daß sich der Handel erst im 14. Jahrhundert soweit intensivierte, daß man von regelmäßigen Kaufmannszügen von Nürnberg nach Venedig sprechen kann.

Prüfungsbestimmungen für Drogen

In Venedig unterlagen verschiedene Gewürze und andere Drogen, die gern gefälscht wurden, der »Gerbelatur« (Prüfung, Untersuchung, »Schau«; von altitalienisch »gerbellare — absieben«):

> »Item allerley sort Specerey sambt troge, deßgleichen Allaun, Endigo, muß alles gerboliert werden von gerbelatori, so von der Herrschaft zu venedig gesetzt werden, die geschworen sind auff recht zu gerbelieren.«

B. Paxi gibt an, welche Drogen in Venedig zur Gerbelatur gelangten:

> »Specie grosse, che se garbelano, sono queste: piper e Zenzeri, Canelli, gorofoli e noxe moschia, mazis, Semenzina, incenso e mira e galbina et alcune specie grosse e comin et anexi. — Folgende Drogen prüft man: Pfeffer und Ingwer, Zimt, Gewürznelken und Muskatnüsse, Mazis, Wurmsamen, Weihrauch, Myrrhe und Galbanum und einige andere Spezereien en gros, des weiteren noch Kümmel und Anis.«

Die »Gerbelatori« waren vereidigte Beamte, welche die Drogen auf Identität, Qualität und Reinheit zu untersuchen hatten. Sie unterstanden den »Consoli dei mercanti«. Diese Behörde existierte seit der Mitte des 13. Jahrhunderts und wurde bis 1423 von drei Beamten geleitet, dann von vier. Sie hatten die Ordnungen der Händlerschaft zu bestimmen, Handelsstreitigkeiten zu entscheiden, die Schiffahrt zu sichern und die Ordnungen des »Deutschen Hauses« zu regeln. Ihre Hauptfunktion war, den einheimischen Handel zu schützen.

Die »Consoli dei mercanti« waren die oberste Instanz der Beaufsichtigung, Begutachtung und Prüfung der Drogen. Ihr »Capitolare« legte fest, daß sie die Beamten, die zur Prüfung des Safrans eingesetzt waren, nach ihrem Gutdünken auswählen konnten, und daß sie die Strafen festzusetzen hatten.

Eine bezeichnende Verfügung war, daß diese Prüfungsbeamten Waffen tragen durften, »weil sie durch ihre Amtsausübung vielen verhaßt waren«. An sich waren die Gutachter sehr angesehen. So hieß es im »Capitolare«, nur vertrauenswürdige und ehrbare Personen sollten das wichtige Amt der Überprüfung von Safran wie auch von Pfeffer übernehmen. Die Beamten waren gehalten, regelmäßige Inspektionsgänge durch die Geschäfte und Lagerräume durchzuführen und die Bestände an Safran zu überprüfen. Bei dieser Aufgabe überschnitten sich die Kompetenzen der Handelsbehörde, der »Consoli dei mercanti«, mit denen der Gewerbebehörde, der »Giustitia vecchia«. Die darüber entbrennenden Streitigkeiten wurden so geschlichtet, daß beide Ämter das Inspektionsrecht in den Drogenhandlungen behielten und daß die Fälschungen der Jurisdiktion derjenigen Behörde unterlagen, die diese aufgedeckt hatte. Am strengsten wurde wohl die Überprüfung der Gewürznelken gehandhabt; denn sowohl B. Paxi in seiner »tariffa« (1503) als auch H. Paumgartner (um 1500) und L. Meder (1558) in ihren Handelsbüchern und die »Tariffa« von 1572 berichteten genau über die Ausführung dieser Begutachtung, während sie sonst nur die Namen der der Gerbelatur unterliegenden Drogen aufzählten. Diese Probe wurde in Nürnberg ähnlich durchgeführt. Es sollen deshalb zum Vergleich die venezianischen Verhältnisse den Nürnberger Bestimmungen gegenübergestellt werden:

»Venediger Negelprob.

Erstlich wenn man Negel in Venedig kaufft und so sie gerbeliert, sind alle auf einem hauffen, so decket der Gerbelator sein Mantel darüber und nimpt das Schatzi (von italienisch »saggio — Probe«) daraus, nemlich in der mitte oben steckt er sein hand hinein, nimpt die vol an seyten an 4 orten ungefehrlich 1 oder 2 Pfund, welche der die Negel kaufft hat, mit sich nimpt und lasset sie wegen und uberantworts alß denn auf die Stimm (die amtliche Prüfung; von italienisch »estimare — abschätzen«), denen so die Schatze machen — solche tregt man gewonlich in die spetzereien a la Testa d'ora oder a Lion d'oro, und so wie sie das gemacht haben, zeygen sie solchs dem kauffer und verkauffer an und das gelt, das sie fordern von der prob zu machen, gehört jeder partey halb zu zahlen ...«

Demgegenüber heißt es in den Nürnberger Bestimmungen:

»Fusti.

Nachdem bisher in der spetzerey der negelein viel verlichayt gebraucht und geübt ist, also das ye zu zeiten der drit oder vierteil styl, dy man fusti nennet, die so nicht negelein sein, darunter erfunden [worden] ......, haben unsere herren vom rate gesetzt und geboten, das fürbas nyemandts einich negelein kauffen oder verkauffen sol, sie sein dann vor an der stat wage gewegen und doselbst von den geswornen schawern, die ein rat darzu geordnet hat und der zum mynsten zwen dabey sein sollen, geschawet worden, die dann soliche negelein ausschütten und davon nemen und die stymieren sollen, und wenn sie in eynem pfund negelein der stil oder fusti oder ander verlicheyt mer finden dan drey loth, so sollen sie es aus denselben negelein doselbst auff der wag erlesen lassen, also das sie nach der stat gesetz gerecht vertigt werden ... und es sol auch der kauffer und der verkauffer ir yeder den schwern geben von einem zentner zehen pfennig ...«

Der Theriak, eine Latwerge, war nicht nur das angesehenste Allheilmittel der alten Materia medica, sondern auch ein großer Handelsartikel der mittelalterlichen Welt. Im Prinzip versprach man sich durch seine Einnahme eine gewisse Immunisierung. Die Idee hierzu geht nach der Überlieferung auf König Mithridates von Pontus (132—63 v. Chr.) zurück. Besonders nürnbergischer und venezianischer Theriak galten als hervorragend heilkräftig. In Nürnberg pflegte man ihn unter großem Aufwand bis zum Jahre 1754 öffentlich auf dem Markt herzustellen. Der als Federzeichnung abgebildete Schautisch ist anläßlich eines solchen Ereignisses aufgebaut worden und stellt ein ebenso seltenes wie aufschlußreiches Dokument für diesen Vorgang dar.

Das Beispiel der Gewürznelkenprüfung verdeutlicht, daß auch in der Reichsstadt Nürnberg Drogen der Begutachtung unterlagen. Zur Verhütung von Fälschungen der Marktobjekte und damit zur Sicherung ihrer Güte errichtete der Rat der fränkischen Handelsmetropole Schauanstalten, die besonders für alle lebensnotwendigen Güter bestanden, sowie für andere handelswichtige Waren. Da die mittelalterliche Stadt bei bestimmten Gütern auf Einfuhr angewiesen war, galt ihre Sorge um gute Qualität und ausreichende Mengen neben den Produkten des eigenen Gewerbes und Handwerks besonders den importierten Waren. Unter diesen waren vor allem die Gewürzdrogen wegen ihres hohen Marktpreises und der mangelnden Fachkenntnis der Käufer Fälschungen und Verunreinigungen ausgesetzt. Viele Händler verlegten sich auf Betrügereien, oft wurden die Waren sogar schon in den Erzeugerländern verfälscht. Vor allem der Safran wurde mit geschnittenen gelben, roten oder rot gefärbten Blütenblättern verschiedener anderer Pflanzen, mit rot gefärbten Fasern von geräuchertem Rindfleisch vermischt. Die Gewürznelken durchsetzte man mit Stielen, »dy man fusti nennet, die so nicht negelein sein«, den Pfeffer mit Mäusedreck usw. Der Findigkeit der Produzenten und der Händler waren in dieser Hinsicht keine Grenzen gesetzt.

Während die Aufsicht über einheimische Erzeugnisse »geschworene Meister« als Sachverständige führten, besorgten die »Schauer« die Prüfung eingeführter Waren. Die Organe der niederen Gewerbepolizei wurden Jahr für Jahr unmittelbar nach der Ratswahl in Gegenwart des Pfänders (in etwa der obersten Polizeibehörde) durch die Herren »ob dem Amtsbuch« ernannt, instruiert und vereidigt. Als eine der ersten Einrichtungen dieser Art muß die Nürnberger Safranschau gelten. Bereits im ältesten erhaltenen Ämterbüchlein von 1357 tauchen Safranschauer auf. In ununterbrochener Folge lassen sich diese Beamten in den erhaltenen Ämterbüchlein der Jahre 1396—1400 und 1417 bis 1429 bei der Vereidigung nachweisen. 1420 erwähnt der Nürnberger Rat in einem Schreiben an die venezianische Regierung seine Safranschauer: »... per nostros juratos cognitores sive discreatores specierum mercimonialium ad nostram deductum est notitiam — durch unsere geschworenen Kenner oder Absonderer der Handelswaren ...«. Somit setzte der Beginn der Safranschau 1357, also mindestens 84 Jahre früher als man bisher glaubte, ein. Im Jahre 1441 wurde lediglich eine neue Ordnung für dieses schon längst bestehende Amt eingeführt, nachdem es einmal etwa 12 Jahre lang (seit 1429) nicht ausgeübt worden war.

Seit dieser ersten nachweisbaren Ordnung für die Safranschau läßt sich ununterbrochen die Ausübung des Amtes belegen. 1443 schloß sich die Überprüfung der Gewürznelken an. 1473 erließ der Rat das »Alte Gesetz« für dieses Kontrollorgan, in dem die Zahl der Schauer auf zwei festgesetzt wurde; die Beamten hatten den Safran nach Sorten und nach Ursprungsländern zu bestimmen. Schon 1484 mußte eine verschärfte Ordnung verfügt werden, da einige Safranarten in immer größerem Umfange gefälscht wurden. Seit Ende des 15. Jahrhunderts gibt es den »Safran- und Nägeleinschauer-Eid«. 1513 erlaubte der Rat in der »Lüfftung Saffranschauen und -wägens halber«, daß die

Schauer auch im Hause des Verkäufers — und nicht nur im Gebäude des Amtes — die Prüfung der Waren vornehmen konnten, während er 1527 bestimmte, daß nicht ein Schaubeamter allein begutachten dürfe. Ein »Decretum in senatu« von 1577 verpflichtete erstmalig die Untersuchungsbeamten zum Schweigen über bestimmte Verkaufsdaten. In der »Safran- und negelein schauer aydt ordnung« von 1613 wurde die Plombierung, Stempelung und Markierung der geprüften Ware eingeführt, was die formelle Erhebung des geschauten Gutes zum Markenartikel bedeutete. Wegen des »falsch und betrug, der mit dem geseebten Ingwer so manigvaltig erscheint und einpricht«, richtete der Rat 1522 auch eine Ingwerschau ein. Die Zahl der vereidigten Ingwerprüfer wurde 1529 von ursprünglich sechs auf vier reduziert. Später scheint Ingwer nicht mehr in großen Mengen nach Nürnberg gekommen zu sein, denn in den Ämterbüchlein sind für längere Zeiträume keine Ingwerschauen vermerkt:

> »Garbelierens des Ingwers: wofern in der waag der Gerbelierer halb kain mangel ist, soll man sie zu ihrem Ambt wieder bestalligen, den 14. April anno 1564.«

1656 wird die Safran-, Gewürznelken- und Ingwerschau (eine Schau des Pfeffers hat es offiziell nicht gegeben, wenn auch die Safranschauer teilweise Pfeffer mit begutachteten) in das Gewürzschauamt übernommen, das bis in die dreißiger Jahre des 19. Jahrhunderts bestehen blieb.

Um 1680 malte Joachim Sandrart die Gewürzschauer bei der Ausübung ihres Amtes; dieses Bild wird im Germanischen Nationalmuseum aufbewahrt.

Daß die harten Strafen, die den mit verunreinigtem oder gefälschtem Safran Handelnden bedrohten, auch wirklich vollstreckt wurden, läßt sich aus den Quellen vielfach belegen. Die Strafen reichten von Geldbußen für Verkauf ungeprüfter Ware oder mit minderen Sorten gemischten Edelsafrans bis zur Reinigung auf Kosten des Verkäufers und weiter über die Vernichtung des Handelsgutes, die Ausweisung des Händlers bis zur Verbrennung des Kaufmanns mitsamt seinen Gewürzsäcken: »... und es mochte [einer] auch genant solich obberürt sachen [Fälschungen] so geverlich üben und handlen, ein Rat wolte dem oder denselben straffen, an irem leben und guten [Gut] ...«.

In den Schauanstalten Nürnbergs wurden nicht nur die oben aufgeführten Waren untersucht, sondern im Bedarfsfalle auch alle anderen Drogen, besonders jene, die zu Arzneien verarbeitet werden sollten. Man prüfte sie wahrscheinlich auf ähnliche Weise wie den Safran, Ingwer oder die Gewürznelken. Die Nürnberger Safran- und Nelkenschau erlangte im mitteleuropäischen Europa größtes Ansehen und war für ihre Genauigkeit und Güte bekannt. Da es in anderen Städten des alten Reiches keine vergleichbaren Einrichtungen gab, wurden von weither, u. a. aus den Niederlanden, der Schweiz

Bildseite 129

Ein besonders schönes Exemplar ist dieser Holzmörser aus der Sammlung Dr. Moser, Landau. Das aus Buchsbaumholz gearbeitete Stück, dessen Provenienz aus einem schweizerischen Kloster nur vermutet werden kann, scheint in der Kreuzigungsgruppe frühgotische Stilelemente zu zeigen. Aber auch die hohe, schlanke Form verweist auf die Gotik als Entstehungszeit.

und Polen, vor allem Safranproben in die fränkische Handelsmetropole geschickt, um sie dort begutachten zu lassen. Der Rat teilte in amtlichen Schreiben die Prüfungsergebnisse seiner vereidigten Schaubeamten mit. 1474 schickte Nürnberg seine Safranordnung an die Städte Breslau, Krakau, Leipzig und Passau, wo sie als Modell für eigene Gesetze dienen sollte.

Betrachtet man nun einmal die Handelseinrichtungen und -gebräuche der Städte Venedig und Nürnberg und vergleicht sie, so fällt eine gewisse Übereinstimmung auf. Zunächst, daß alle Waren ausländischer Kaufleute an einer bestimmten Stelle deponiert werden mußten: in Venedig im Fondaco dei Tedeschi, in Nürnberg an der Stadtwaage. Ferner, daß alle Verkäufe über vereidigte Makler abgewickelt und viele Drogen der Überprüfung unterzogen werden sollten.

Die Ähnlichkeit der Bestimmungen rührt wohl daher, daß die beiden Kommunen als Stadtstaaten, die durch ihre Lage im wesentlichen — wenn auch nicht vollständig — vom Handel abhingen, fast zwangsläufig zu ähnlichen Verfügungen kommen mußten. Es war die Überlegung, den Handel zu fördern und in die Stadt zu ziehen, die eigenen Bürger zu schützen und durch möglichst viele und hohe Abgaben auf den Warenverkehr die Staatskassen zu füllen. Zweifelsohne hat sich Nürnberg die ältere und in der Verwaltung erfahrenere Stadt als Vorbild genommen und sich nach deren Ordnungen orientiert:

> »... Wir haben nach fleißiger erkundung und undrichtung ettlicher mercklicher Stette, in den die ding aufrechtiglich gehalten werden um gemeins nutz und notturfft willen, gesetze und ordnung, wie es mit hantierung desselben Saffrans bei uns solle furgenommen und gehalten werden, gemacht und gesatzt, wie ir in abschriffte und copei derselben gesetze hier inligend eigentlich vernemen werdet.«

Nicht von ungefähr besaß Nürnberg mit Venedig die besten Prüfungsbestimmungen und genauesten Schaubeamten der damaligen Zeit. »Die Handels- und Gewerbepolitik Nürnbergs fand wohl nur in Venedig einen gleich klugen, unverdrossenen und weitsichtigen Nebenbuhler« (A. Schulte).

Drogengroßhandel

Zunächst gab es im Mittelalter und noch weit in die Neuzeit hinein keinen Arzneimittel-Großhandel; denn die verhältnismäßig wenigen Apotheken waren für den damaligen Großkaufmann von keiner so großen Bedeutung, als daß sich ein Fernhandel allein mit pharmazeutischen Artikeln gelohnt hätte. Außerdem spezialisierte sich der mittelalterliche Kaufherr nicht auf eine bestimmte Branche, sondern kaufte meist nach dem Warenangebot seines Einkaufsortes ein. Durch ein möglichst breites Warensortiment suchte er seine Gewinnchancen zu sichern, da er infolge der schlechten Nachrichtenverbindungen nicht sehr genau über das Verhältnis von Angebot und Nachfrage auf den Absatzmärkten Bescheid wußte. Obendrein kaufte er Waren zusätzlich ein, um den Frachtraum so gut wie möglich auszunutzen und damit seine Unkosten zu verringern.

Da die eigentlichen Apothekerdrogen neben den Gewürzdrogen mengenmäßig nur wenig ins Gewicht fielen und daher in den Warenlisten fast gar nicht oder nur unter Sammelbegriffen erwähnt wurden, ist es fast unmöglich, für das Mittelalter aus den wirtschaftsgeschichtlichen Quellen eine Liste der damals tatsächlich gehandelten Apothekerwaren aufzustellen. Wichtige Belege für die einzelnen Artikel sind daher alte Apothekeninventare. Die in ihnen genannten ausländischen Drogen müssen über den Fernhandel in die betreffende Apotheke gelangt sein.

Dieser lag im Hoch- und Spätmittelalter meist in der Hand von Gesellschaften, das äußerst hohe Risiko verteilte sich auf mehrere Teilhaber. Durch das zusammengelegte Kapital konnten umfangreichere Geschäfte getätigt werden. Auswärtige Niederlassungen wurden durch persönlich interessierte Gesellschaftsmitglieder geleitet oder überprüft. In Nürnberg war es im allgemeinen üblich, daß sich nur Familienmitglieder zusammenschlossen. So bestand die Imhof'sche Handelsgesellschaft von 1499—1528 aus den 8 Söhnen des Hans III Imhof. Die Handelsgesellschaften waren meist von einem oder mehreren verantwortlichen Leitern geführt, die das absolute Weisungsrecht über alle anderen Teilhaber ausübten. Den »Außenstellen« standen sog. »Faktoren oder Lieger« vor, deren wichtigste Aufgabe es war, regelmäßig wirtschaftliche und politische Nachrichten an die Zentrale zu übermitteln. Diese Meldungen ersetzten nicht nur die heutigen Börsenberichte, sondern in gewisser Hinsicht auch die Zeitungen. Aus einer Liste von Nürnbergern, die sich in Venedig aufgehalten haben, geht eindeutig hervor, daß sich hauptsächlich vornehmste Patrizierfamilien mit dem Fernhandel befaßten. So hatten die Imhof, Behaim, Kress, Ebner, Mendel, Rummel, Koler, Haller, Hirschorgel, Peller und Tucher ihre ständigen Vertreter in Venedig.

Da in den meisten Urkunden und Akten und selbst in den Kaufmannsbüchern die Waren nicht spezifiziert sind, sondern nur allgemein als »mercimonia«, »bona«, »güter«, »pallen«, »veßlein«, »pfenwert« erwähnt werden, ist es sehr schwierig, die Handelsgegenstände der einzelnen Firmen zu ermitteln. Am besten kann man die Familienunternehmen beurteilen, die ihre Urkunden und Akten gesammelt hinterlassen haben; es sind dies die Imhof, Behaim, Kress, die Nürnberger Welser, die Holzschuher und Stromer. Als Beispiel sei hier die Familie Imhof angeführt, da sie sich bevorzugt mit dem Drogenhandel befaßt hat. In den unveröffentlichten Akten des Familienarchivs finden sich fast ausschließlich Belege für diesen Handel. Der Stammvater des Nürnberger Hauses, Hans I, erwarb 1351 das Bürgerrecht der Reichsstadt. Schon sein Sohn Hans II gründete eine ständige Niederlassung in Venedig, wo sein Bruder Conrad während eines Aufenthaltes 1396 starb. Die Brüder setzten ihre Drogen und Spezereien in Böhmen, Mähren, Schlesien und Sachsen ab. Der Enkel Hans I führte das Geschäft weiter. Hans Imhof, der Sohn Sebalds (Gesellschaft: Hans II Söhne), entging nur durch die Vermittlung des Nürnberger Rates einer Bestrafung, weil er das 1426 erlassene Handelsverbot des Papstes mit den Hussiten übertreten hatte. Hans war in der Nähe von Pilsen aufgehalten worden, und man machte ihm den Vorwurf, »die Feinde Gottes und der ganzen Christenheit und des Römischen Kaisers gestärkt und ihnen Kaufmannschaft, Spezerei und andere Dinge zugeführt und gereicht zu haben«. Conrad II, der verantwortliche Leiter der Imhofschen Familien-

Kolben sind Attribute der Laboratorien. Wie sie heute aussehen, weiß fast jeder. Die eleganten Erzeugnisse der Laborglasindustrie mit ihrer hohen Belastbarkeit durch Hitze und Kälte sind in Deutschland untrennbar mit dem Namen »Jenaer Glas« verbunden. Wie aber sahen sie vor einem halben Jahrtausend aus? Die gezeigten Gefäße, eine Cucurbita (li.), ein Kolben, eine Retorte (Mi.) und ein Alembik (re.), ein Destillieraufsatz, stammen aus einem Fund, der im Herbst 1964 in Köln gemacht wurde. Die Hesse-Tiegel rechts vorn, die noch heute in gleicher Form zum Schmelzen verwendet werden, aber auch die Becher und Anreibschalen zeigen deutliche Spuren ihrer Verwendung. Sie scheinen alle aus Kölner Töpferwerkstätten zu stammen; eine Ausnahme ist lediglich die Trinkschale links vorn, die Siegburger Steinzeug darstellt. Der Fundort an der Weyerstraße, in der Nähe des früheren Sitzes der Rotgerber und Blaufärber, deutet zwar auf eine Provenienz aus diesem Milieu hin. Doch sind die Stücke, von denen hier nur eine kleine Auswahl gezeigt wird, besonders beispielhaft auch für die in den Laboratorien des 16. Jahrhunderts allgemein benutzten Gefäße.

handelsgesellschaft (Conrad I Söhne), vergrößerte das Vermögen der Familie gewaltig und machte das Unternehmen zu einem der mächtigsten Nürnberger Handelshäuser. Unter seiner Führung traten die Imhof die Nachfolge der Handelsfirma Mendel an, die im 14. Jahrhundert zu den bedeutendsten in Nürnberg zählte. Nach außen hin manifestierte sich dieser Vorgang in der Übernahme der Mendelschen Kammer im Fondaco zu Venedig — die Benutzung einer solchen Kammer gewährte die venezianische Regierung als besondere Vergünstigung nur großen Handelshäusern. Ein Inventarium dieser Kammer aus dem Jahre 1509 befindet sich im Imhofschen Familienarchiv des Germanischen Nationalmuseums in Nürnberg.

Aus dem Jahre 1446 stammt eine Ladeliste venezianischer Schiffe, die von der Levante nach Venedig segelten, und in der überwiegend Drogen und Spezereien aufgeführt sind, also die hauptsächlichen Handelsgegenstände der Imhofs. Wahrscheinlich ist die Liste von einem Faktor der Firma in Venedig zur Information an das Stammhaus in Nürnberg geschickt worden.

Als mit der Entdeckung Amerikas und des ostindischen Seeweges der Gewürzhandel an die iberischen Küsten verlegt wurde, verlor Venedig seine ursprünglich hervorragende Bedeutung für diesen Handel. Viele Geschäftshäuser gaben daher in der Folgezeit ihre Faktoreien in der Lagunenstadt auf. Die Imhof aber hielten ihre alten Handelsbeziehungen aufrecht. und zwar aus sehr realen wirtschaftspolitischen Erwägungen: Die portugiesischen Schiffe brachten nämlich fast nur Pfeffer und Ingwer, diese allerdings in großen Mengen, ums Kap der Guten Hoffnung, die übrigen Gewürze aber wurden nur in geringen Quantitäten oder überhaupt nicht mitgeführt. Dadurch ergab sich an bestimmten Spezereisorten, vor allem an Macis (Muskatblüte) und schnell verderblichen Gewürzen wie Nelken, ein Bedarf auf den Märkten, den die Imhof mit den von Venedig bezogenen Waren zu decken suchten. Außerdem zeichneten sich ihre Gewürze durch besonders gute Qualität gegenüber den portugiesischen aus, da den Portugiesen nicht die besten indischen Märkte offenstanden.

Als mit den Staatsbankrotten des 16. Jahrhunderts das Zeitalter der großen Handelsgesellschaften zu Ende ging und mit diesen auch die Bedeutung der Reichsstädte sank, gelang es dem Imhofschen Unternehmen als einem der wenigen großen Handelshäuser, sich ohne allzu große Vermögenseinbußen zu behaupten.

Wie über die einzelnen Apothekerwaren aus handelsgeschichtlichen Quellen wenig zu entnehmen ist, so ist auch der Einkauf der Nürnberger Apotheker im einzelnen nicht belegbar. Der Apotheker zählte zu den Einzelhändlern, d. h. zu »jenem repräsentativen Verkörperer des mittelalterlichen Einzelhandels, dem Krämer, der in festgebauter Verkaufsstelle, in seiner Person zugleich ein vollberechtigter Gemeindebürger, sein ›wohlassortiertes Warenlager‹ dem Verbraucher ständig darbietet« (E. Köhler). Die Spezialisierung auf eine bestimmte Warengruppe und seine Rolle im öffentlichen Gesundheitswesen unterschieden den Apotheker natürlich vom allgemeinen Krämer.

Den weitaus größten Teil ihrer Drogen dürften die Apotheker Nürnbergs bei örtlich ansässigen Fernhandelsgesellschaften eingekauft haben. So finden sich in den Nürnberger Zollisten, in denen die Namen der nach Nürnberg Importierenden festgehalten sind, keine Apotheker. Das Angebot des Nürnberger Großhandels war so umfangreich und gerade bei den Drogen qualitätsmäßig so gut, daß der einheimische Apotheker kaum fremde Märkte aufsuchen mußte. Leider fanden sich in den Geschäftspapieren der Handelsfirmen Imhof, Behaim oder Kress keine Einträge über den Weiterverkauf gehandelter Drogen an Nürnberger Apotheker. Das rührt daher, daß sich überhaupt nur wenig Eintragungen über die Abgabe von Waren an Nürnberger Einzelhändler finden. Zudem haben die Apotheker wohl meist sofort in bar bezahlt und sind daher nicht als Schuldner vermerkt worden. Nur aus einer späten Zeit liegt ein Beleg für die Verbindung Venedig — Fernhändler — Nürnberger Apotheker vor. Im »Inventarium des Johann Jacob Finegken aus Nürnberg hinterlaßne Material- und Specereyhandlung« vom Jahre 1677 sind auf der einen Seite drei »creditores« in Venedig aufgeführt, auf der anderen Seite als Schuldner die Nürnberger Apotheker Hans Michael Öllinger (Leiter der Schwanen-Apotheke 1666—1672), Johann Leonhard Stöberlein (Leiter der Kannen-Apotheke 1661—1696), Bernhard Hecht (Leiter der Schwanen-Apotheke 1672—1689) und eine Apothekerin in Eger.

Ein Beweis dafür, daß Nürnberger Apotheker sich in ihrer Heimatstadt gut versorgen konnten, sind die Einkäufe auswärtiger Apotheker auf dem Nürnberger Markt. So erscheint u. a. in den Zolllisten 1526 ein Apotheker aus Ingolstadt, der für 1 fl 1 alb 12 den, und 1698 einer aus Passau, der für 1 fl 1 alb 12 den Waren bei der Ausfuhr verzollte.

Bildseite 137

Glasgefäße

Die Lösung der Frage, wie man Arzneimittel richtig aufbewahrt, hängt eng mit dem für die Gefäße verwendeten Material zusammen. Dabei hatte sich Glas, da schwer angreifbar, als besonders geeignet erwiesen. In Form und Farbe, in Dekor und Beschriftung rufen die Glasgefäße der Apotheken mit ihren tausendfältigen Varianten auch heute noch helles Entzücken hervor.

Obere Reihe:
Zylinderförmiges Weithalsgefäß (mit Inhalt!) aus grünem Glas. Boden leicht eingestochen, Öffnung mit Ledertektur verschlossen. Beschriftung: Auf gelb-grüner Kartusche (Kaltmalerei) Sigil: alb: — Pulvis terrae sigillatae albae = weiße Siegelerde. Höhe: 12 cm; ⌀ : 9 cm. Aus dem Schongauer Kloster des Ordens der unbeschuhten Karmeliten; um 1740.

Birnförmiges Enghalsgefäß, sog. Nönnchen, mit Fuß aus reinem farblosen Glas. Beschriftung: Auf bunter Kartusche (Schmelzmalerei) ESS: CARD: BENEDICT. = Essentia cardui benedicti. Höhe: 15,2 cm, ⌀ : 8,7 cm.

Untere Reihe:
Vierkantflasche mit engem Hals und Schliffstopfen. Rötlich schimmerndes Glas, von vielen Luftblasen durchsetzt. Beschriftung: Auf gelb-blauer Kartusche (Schmelzmalerei) Spiritus vitrioli (Verd. Schwefelsäure). Höhe 14,1 cm; Breite: 7,5 cm; Tiefe: 7,5 cm.

Konisches, sich zur Öffnung hin erweiterndes Weithalsgefäß mit flachem Fuß aus reinem farblosen Glas. Beschriftung: Auf bunter Kartusche (Schmelzmalerei) SEAMON: — Pulvis Seamoni. Höhe: 8,7 cm, ⌀ : 4,8 cm.

ESS:
CARD:BE
NEDICT.

SEAMON:

Urkunden heben mehr als einmal hervor, daß Nürnberg sozusagen gezwungen war, Handel zu treiben. Die Stadt ist von sandigem, wenig fruchtbarem Boden umgeben, sie besitzt keine Weinberge und liegt nicht an einem schiffbaren Fluß. So mußten die Nürnberger die Lage ihrer Stadt ausnutzen! — Inmitten Deutschlands und Europas, in der Ebene zwischen den beiden großen Stromgebieten von Rhein und Donau gelegen, an einer Stelle, wo sich der Verkehr vom Mittelrhein zu den Donauländern mit der großen nord-südlichen Verkehrslinie von Genua—Venedig nach Thüringen—Sachsen und weiter die Elbe und Weser abwärts zur Nordsee kreuzt, nach Osten durch die natürliche Straße zwischen Thüringen und Böhmen geöffnet, war diese Lage so günstig, daß sie die Stadt zwangsläufig zu einem bedeutenden Knotenpunkt für den Handel machen mußte. In dieser Richtung sich zu entwickeln, wurde sie auch durch die Übertragung von Markt-, Münz- und Zollrecht durch Kaiser Heinrich III. gewiesen. Neben der geographischen Lage gereichte dem Nürnberger Handel auch der Gewerbefleiß der Bürger zum Vorteil, dessen Produkten immer neue Absatzmärkte erschlossen werden mußten. Am Ende des 14. Jahrhunderts erlebte Nürnberg seine erste große Wirtschaftsblüte. Um diese Zeit kamen die weltbekannten Handelshäuser empor, die den Aufstieg in erster Linie ihren fortschrittlichen Organisationsformen verdankten. Durch die Zusammenlegung von Kapital und Arbeitskraft mehrerer Kaufleute erreichten die Handelsgesellschaften schnell eine überlegene wirtschaftliche Stärke und verstanden es, eine der günstigsten Handelsmöglichkeiten der damaligen Zeit auszunützen, indem sie den Gewürzmarkt in Venedig aufsuchten. Sie vertrieben die von dort bezogenen Drogen und Gewürze nach fast allen Gebieten Deutschlands, nach den Niederlanden und Flandern, nach Böhmen, Mähren, Ungarn, Polen und den Preußischen Landstrichen und erzielten dadurch außerordentlich hohe Gewinne. In der zweiten Hälfte des 15. Jahrhunderts nahm das Vermögen der meisten Nürnberger und Augsburger Handelshäuser enorm zu. Vorher hatten Staat und Kirche unter Berufung auf die scholastische Wirtschaftsethik durch die Erlasse gegen den Wucher und durch Aufrufe für einen »gerechten Preis«, durch hohe Zölle und Einschränkungen des Gästerechtes eine schnelle Kapitalbildung erschwert, ja fast unmöglich gemacht. Wie das vor 1450 zu verstehen war, wird in der sog. »Reformatio Sigismundi« beschrieben:

> »Item es auch zu wissen, als kaufherren varen über mer gen Venedig oder wo sie dann hinvaren. die wissen nu wol, auf welhe Zeit sie sich aufheben sullen zu varen umb ir kaufmannschaft. di treibent nu grossen aberantz (Betrug), als ich euch sag. wenn die kaufherrn zesamen chomen, es sei ze Venedig oder anderswo, so tuen si oft ains: es sein guldein tucher, es sein samat (Samt), seiden, was dann von kostlichen tuchern sein, oder es sei gewurz: ingwer, pheffer, negilin, ziment, nichtz ausgenommen, des machent sie einen slag, der in fueglich ist [d. h. einen ihnen nützlichen Kaufpreis], und uberslachent pei einander, das ainer zu Wien wais, wie man es hi kauft, und sie des geleichen auch uns suchen machen: es sei in über auf dem mer gegangen. ezwas vindent si, das si ie furchomen und nemant gebin [Gewinn] wider alles recht.«

In diesem Zusammenhang ist interessant, daß die Reformschrift mit Namen nur den Venedighandel, und zwar mit Tuchen und Gewürzen, erwähnt, der eben damals am umfangreichsten war und am häufigsten betrieben wurde.
Im Spät-Mittelalter war Nürnberg wohl das Zentrum des Drogenhandels in Mittel- und Osteuropa. »Im Vordergrund stand es aber stets als Stapelplatz aller italienischen und orientalischen Gewürze, Farbwaren, Weine, Sämereien« (A. Dietz). Die beherrschende Stellung der Stadt an der Pegnitz unterstrich der Augsburger Kaufherr Hans Paumgartner in seinen Aufzeichnungen, die den Welthandel um 1500 beschreiben. Keine Stadt ist so häufig genannt wie Nürnberg. Überall ist Nürnberg »das Maß und Ziel aller Dinge«, Münze, Maß und Gewicht von Nürnberg der Vergleichspunkt, »der Fels in dem Meere der örtlichen Gewichte und Maßunterschiede«. Dieses Urteil ist um so höher zu bewerten und als objektiv einzuschätzen, da es von dem Bürger einer Stadt abgegeben wurde, die mit Nürnberg stets im harten Konkurrenzkampf stand: Augsburg.
Die Bedeutung Nürnbergs für den Drogenhandel soll mit einigen Beispielen untermauert werden: So gingen zwei Drittel des Einkaufs der Großen Ravensburger Gesellschaft an Ost-Safran von Spanien nach Nürnberg. Auch der größte Teil des von den Deutschen in Aquila (Abruzzen) eingekauften Safrans wurde in die fränkische Reichsstadt gebracht, wenn man Paumgartner folgt. Im Deutschordensgebiet war das Übergewicht der Nürnberger Kaufleute im Drogenhandel so erdrückend, daß auf den hansischen Städtetagen seit 1401 fortwährend Klage geführt wurde. Nach langem Drängen erließ schließlich der Hochmeister des Deutschen Ordens, Konrad von Erlichshausen, 1448 eine Verordnung gegen die Nürnberger Händler:

»... für die Noremberger und dergleichen die anderen mit Venedischer ware uss dem Lande czu Meissen, das si keyne spitzerey hir ins Land mer czu kouffe brengen ...« (außer auf dem Jahrmarkt zu Marienburg und dem Dominimarkt zu Danzig).

Über das Deutschordensgebiet hinaus fanden Nürnberger Kaufleute Eingang nach Livland und dessen russisches Hinterland; — dies trotz der hansisch-livländischen Sperrpolitik. In der 2. Hälfte des 15. Jahrhunderts mehrten sich die Klagen, woraufhin 1458 der Kleinhandel der fränkischen Handelsherren auf 3 Tage im Jahr beschränkt wurde, 1461 auch der Großhandel. Selbst Polen erhielt seine Spezereien meist über Nürnberger Kaufleute, wie eine große Anzahl von Schuldverhältnissen Posener Bürger mit Nürnbergern beweist, die größtenteils aus Käufen von Safran und

Bildseite 141

Lucas Cranach der Ältere (1472—1553), dem 1520 Kurfürst Friedrich der Weise von Sachsen das Privileg zum Betreiben einer Wittenberger Apotheke erteilte, malte 1525 Maria Magdalena mit dem Salbentopf. In ihr sehen viele eine Schutzheilige der Pharmazie. Die Verschmelzung der Gestalt der Sünderin aus dem Evangelium mit der Zeugin unter dem Kreuz, die des HERREN Füße mit köstlicher Narde salbte, geht auf die Schriften der Kirchenväter im 5. und 6. Jahrhundert zurück. Das hier gezeigte herrliche Bild wurde 1867 aus Privatbesitz dem Kölner Wallraf-Richartz-Museum geschenkt.

Pfeffer stammten. 1442 wurden den Nürnbergern Hans Reutheimer, Andreas Rudolf und ihrer Gesellschaft in der Nähe von Frankfurt a. d. Oder 6 Fässer Pfeffer aufgehalten. Da den Böhmen, solange sie noch von den Przemysliden (bis 1306) und deren Nachfolgern, den Luxemburgern, beherrscht wurden, der direkte Venedighandel von den Herzögen von Österreich aus dem Hause Habsburg verlegt war, waren auch dort die Nürnberger als Vermittler des Warenaustausches sehr willkommen, besonders unter Karl IV. Die fränkischen Kaufleute verdankten ihre Beliebtheit in den böhmischen und mährischen Ländern vorwiegend ihren venezianischen Handelsgütern, da die Slawen Gewürze in einem ungleich größeren Maße als ihre westlichen Nachbarn verwendeten. So kursierte im Mittelalter das Sprichwort »In Böhmen frißt ein Schwein in einem Jahr mehr Safran als ein Mensch in Deutschland sein ganzes Leben lang.« In Ungarn regelte König Karl 1336 die Abgaben der Kaufleute auf den nach Böhmen und den benachbarten Reichen führenden Straßen, wodurch der Nürnberger Handel mit dem Südosten neue Impulse erhielt.

Im Raum der Hanse betätigten sich die Nürnberger Großkaufleute vor allem in Lübeck sehr erfolgreich, so daß auch hier sich die einheimischen Händler bei dem lübischen Rat 1405/1406 darüber beschwerten:

> »Leven heren, iuwe borghere unde kopman klaghen meynliken over die Nurenbergere, de hir holden opene kelre, dat se verköpen allerleye köpenschop, also ... venedische penningwerte ... Leven gnedighen heren, dit kompt iuwen borgheren unde deme kopmanne to grotem schaden, wente eyn van den Nurenbergheren mach twintiger lude gut alleyne vorköpen unde handelt und verköpet eynes daghes mere ghudes dan iuwe borghere und kopmann by eynem jare.«

Nürnberg aber war an diesem Handel interessiert. So machte es 1489 seine Kaufleute, die auf die Messe nach Lübeck ziehen wollten, auf den Geleitschutz der Fürsten von Nassau aufmerksam, »... damit sie nicht in Schaden fallen«. In erster Linie handelte es sich um den Gewürzhandel, in dem ab ungefähr 1400 der Transitverkehr von Venedig über Nürnberg den Weg über Flandern in das Ostseegebiet zu übertreffen begann. Seit 1540 befaßten sich fast alle im Nürnberg-Lübeck-Verkehr bekannten Kaufleute mit dem Handel von Gewürzen, Mineralien und anderen Drogen. Selbst in Flandern kamen die Nürnberger ins Geschäft. Seit Anfang des 16. Jahrhunderts genossen sie in den flämischen Gebieten als einzige süddeutsche Stadt die gleichen Handelsfreiheiten wie die Hansestädte. Dadurch, daß Nürnberg das »Venediger gut« in riesigen Mengen in Nordost- und Osteuropa vertrieb und ihm immer neue Absatzmärkte erschloß, beeinflußte es auch rückwirkend die Handelstätigkeit der Venezianer. »Für den immer breiter werdenden Handelsstrom, das immer weiter führende Vordringen der Italiener nach dem Osten [Asiens] war es bedeutend, daß vor allem Drogen und Spezereien auf eine viel breitere Abnehmerschaft in Europa rechnen konnten als im Altertum, daß sie bis in die Randgebiete Europas vordrangen. Die Versorgung weiter Teile Europas, vor allem mit Drogen und Spezereien für Gaumen und Medizin, bildete den Hauptnerv des westöstlichen Fernhandels der italienischen Städte vom Anfang der Kreuzzüge bis in das 15. Jahrhundert« (A. Doren).

Mörser, Kolben und Phiolen

Das nun folgende Kapitel trägt die gleiche Überschrift wie dieses Buch. Doch sollte sein Titel — der Leser hat es sicher längst bemerkt — nicht wörtlich genommen, sondern in ihm die Symbolik der genannten drei typischen Attribute der Pharmazie erkannt werden: Der Mörser für die Apotheke, der Kolben für das Laboratorium und die Phiole, die Ahnherrin der Ampulle, für die Arznei. Aber wenn diese drei Begriffe schon Pate für alles stehen müssen, was hier erzählt wird, so verdienen sie es doch auch selbst, ein wenig kommentiert zu werden.

Der Mörser ist nicht nur das einprägsamste, sondern auf besondere Weise auch das aussagefähigste Wahrzeichen für das Wesen der Apotheke. Von alters her bekannt, waren Mörser und die ihnen nahe verwandten Reibschalen in Gewerbe und Haushalt weit verbreitet. Sie dürften zu den ältesten und im Grunde primitivsten Hilfsmitteln des Menschen gehören, deren er sich bediente, wenn er etwas zerkleinern wollte. Der Mörser ist also ein Gerät, das in Struktur und Idee immer eine Hand erfordert, die mit ihm umgeht, und insofern ein Symbol des »Hand- und Kleinbetriebes«.
Sein Name kommt aus dem Lateinischen; bei Plautus, Cato, Columella oder Juvenal wird er »mortarium« genannt. Plinius (gest. 79 n. Chr.) beschrieb in seiner »Historia naturalis« neben den üblichen Mörsern aus Stein und Holz, wohl den ältesten Materialien, aus denen man sie angefertigt hat, auch solche aus Blei. Mörser aus Bronze, Eisen, Zinn und Messing, Elfenbein, Porzellan und Achat (heute auch aus Glas und Kunststoff), die es in aller Welt, zu allen Zeiten und unter allen technischen Bedingungen gegeben hat, beweisen, daß wir es beim Mörser mit einem der »Ur-Geräte« der Menschheit zu tun haben. Seine Form hängt fast immer davon ab, wozu er benutzt werden soll. So ist er im allgemeinen innen halbkugelförmig und außen zylindrisch. Seine Breite und Tiefe werden durch den ihm zugedachten speziellen Verwendungszweck bedingt. Dennoch kann man an ihm auch leicht die Stilelemente einzelner kunsthistorischer Epochen erkennen. Die hochgezwungenen Mörser der Gotik unterscheiden sich erheblich von den die Horizontale betonenden Formen der Renaissance oder des Barock und diese wieder von denen des Empire, des Biedermeier oder den sachlich betonten der Jetztzeit. Die Kostbarkeit dieser Geräte ist nicht immer Ausdruck des Kunstsinnes der Auftraggeber oder der Intentionen ihrer Schöpfer. Auch ist die Wahl des Materials nicht überall durch das Wissen um die Inkompatibilitäten (die Unverträglichkeit des Materials mit den im Mörser verarbeiteten Substanzen) oder durch Zweckmäßigkeit bestimmt. Manchmal sollten Elfenbein und Edelstein oder gar Edelmetall mystisch-magische Vorstellungen über die Emanation, die Ausstrahlung geheimnisvoller Kräfte, die bei der Zerreibung von Drogen und Chemikalien in solch kostbaren Gefäßen freiwerden, kolportieren. Ebenso glaubte man, daß auch aus dem Gold oder Achat noch Kräfte auf das Heilmittel übergingen. Diese Auffassung ist keineswegs nur eine Verschrobenheit vergangener Zeiten oder der Alchemie des Mittelalters, sie ist selbst heute noch eine

Der 1879 gemalte »Dorfapotheker« des Schweizers Albert Anker (1831—1910) ist ein Zeugnis bester Genremalerei aus dem Bereich des schweizerischen Bauernlebens. Die ruhige Zuversicht und Sicherheit, die aus allen Personen spricht, deutet weit über das Ortsgebundene etwas von dem Zutrauen an, das gerade die einfache Bevölkerung zum Apotheker zu haben pflegt. Wenn auch hier in Wirklichkeit ein Quacksalber oder Winkelapotheker bei der Arbeit gezeigt wird, so scheint doch etwas vom Vertrauenskapital, dessen jede heilkundliche Handlung bedarf, auch ihm, dem »Dorfapotheker«, zugeflossen zu sein.

der tragenden Ideen homöopathischer Arzneizubereitungen wie den »Triturationen — Verreibungen«; die Vorstellung von der »aktiven Dynamisierung« durch eine langdauernde und intensive Zerreibung nämlich liegt den Vorschriften des z. Z. gültigen Homöopathischen Arzneibuches zugrunde. Einerseits spielte natürlich bei der Wahl des Materials, aus dem man Mörser machen wollte, der Wunsch eine Rolle, besonders kostbare Arzneien in adaequaten Gefäßen zuzubereiten. Andererseits war es aber auch ein realer Beweggrund, besonders stark oder penetrant riechende Substanzen und Arzneien in nur hierfür bestimmten Mörsern zu verarbeiten.

Nicht zuletzt dem Aspekt der Handlichkeit und der Handhabung verdanken wir den Schmuck vieler Mörser. Die ältesten Steinmörser zeigen oft Griffansätze am oberen Rand, Metallmörser dagegen meist in der Mitte des Gefäßes. Aus ihnen, die manchmal wie Dornen, Nasen, Knöpfe oder Buckel aussahen, entwickelten sich oft allegorische Figuren, hier und da auch nur Köpfe. Kunstvoll ziselierte Rippen schufen die Verbindung zu der Standfläche, aus deren glattem Untergrund Füße, Pranken, ganze Löwen und Affen oder auch nur schlichte Postamente hervorwuchsen. Um das Ganze wand sich die Schlange des Äskulap.
Auch das Pistill, der Mörserstößel, meist aus dem gleichen Material wie der Mörser selbst, wurde in das Spiel der Formen und Allegorien einbezogen. Wenn es gleichendig ist, also ein Doppelpistill, wird die Variationsmöglichkeit durch seine Zweckbestimmtheit beschränkt. Ist es aber einseitig, gibt es dem Gestaltungsdrang neue Möglichkeiten. Von der einfachen Keule bis zur zierlichen Krücke mit geschlossener oder durchbrochener Kugel wird es oft zum effektvollen »i-Punkt« des ganzen Kunstwerks.

Kein anderer hat sich in der Ausübung seiner beruflichen Tätigkeit so sehr des Mörsers bedienen müssen und seine Gestalt künstlerisch verfeinern lassen wie der Apotheker. Der Apothekenmörser ist dadurch zu einer eigenen Gattung geworden. Seine Verwendung im Reich der Pharmazie wertete ihn in dem gleichen Maße auf, wie er zum Symbol der Apothekerkunst geworden ist.

Denkt man an ein Apothekenlaboratorium, so drängt sich meist der Begriff »Retorte« auf. Das scheint nicht nur bei Außenstehenden so zu sein, sondern auch bei den Apothekern selbst. Die Berliner Apotheker gaben z. B. 1867 eine Zeitung heraus, die sie zuerst »Die Retorte« nannten, sehr bald aber (1869) in »Pharmazeutische Presse« und später in »Berliner Apotheker Zeitung« umtauften. — Woher kommt nun der Name Retorte? Um ihn zu erklären, ist es nötig, ein wenig weiter auszuholen.
Die alten Destillationsapparaturen setzten sich — und mit den modernen verhält es sich ähnlich — im Prinzip aus drei Teilen zusammen. Erstens dem Kolben, einem runden, meist bauchigen Gefäß mit einem mehr oder minder verengten und ausgezogenen Hals. Der zweite Bestandteil ist der Helm oder »Alembik«. Sieht man von dem arabischen Artikel »al« einmal ab, so bleibt das griechische Wort

»ἄμβη — der Becher«; erst bei Dioskurides im 1. Jahrhundert n. Chr. findet sich die Umbildung in »ἄμβιξ — Destillierhelm«. Beide Bedeutungen zusammengenommen zeigen plastisch, wie dieses Gerät zustande kam: Der Becher wurde wie ein Helm auf den Kolben gestülpt! Nun mußte man nur noch eine Möglichkeit schaffen, das Destillat abfließen zu lassen. Dazu setzte man einfach ein abfallendes Rohr direkt an den Helm an. Als Glasbläser und Laboranten auf den Gedanken kamen, diese drei Bauelemente in einer Apparatur zu vereinen, gleichzeitig den Hals des Kolbens als Abflußrohr benutzten und diesen ein wenig auf den Kolben »zurückdrehten«, war die »Retorte« geboren. Dieser Name stammt also von »retorquere — zurückdrehen«, und die »Retorta« war das Gefäß mit dem »zurückgedrehten Hals«.

Der Kolben ist, ähnlich wie der Mörser, unter den pharmazeutischen Laborgeräten die Urform, die Retorte dagegen schon eine Weiterentwicklung. An der Erfindung und Vervollkommnung von Geräten für chemische Experimente sind die Alchemisten, Chemiatriker und Apotheker des ausgehenden Mittelalters hervorragend beteiligt gewesen. Ihrer Phantasie verdanken wir auch die oft köstlichen und anschaulichen Bezeichnungen ihrer Gerätschaften. So gab es z. B. den »Pelikan«, ein der Retorte verwandtes Gerät, dessen Abfluß- und Kühlrohr so »torquiert«, d. h. gedreht war, daß sein spitzes Ende auf die bauchige Wölbung des Kolbens zeigte und diesen einzustoßen schien, ähnlich dem Vogel Pelikan, der sich mit seinem spitzen Schnabel in die Brust hackt. Der langgestreckte oder auch runde und bauchige Kolben erhielt entsprechend seinem Aussehen die Bezeichnung »cucurbita — Kürbis oder Gurke«. Um sich ein »Geranium« (von »γεράνιον — Storchenschnabel«) vorzustellen, bedarf es keiner allzu großen Phantasie; desgleichen ist der »ursus — Bär« ein mit Alembik versehener, weiter, tatsächlich bärenähnlicher Kolben.

In der Zeit nach Paracelsus begann man, nicht nur die Zusammensetzung der Arzneimittel, sondern auch die Gestalt des Apothekenlaboratoriums zu verändern. Dieses war nicht mehr allein der Arbeitsraum, wo in riesigen eisernen oder hölzernen Mörsern Drogen zu Pulver verrieben, Tees gemischt, Säfte und Latwergen, Extrakte und Magisterien hergestellt wurden und wo es zu den Seltenheiten gehörte, daß man Chemikalien oder Mineralien verarbeitete, reinigte, sublimierte und kristallisierte. Die Zubereitung der »geferlich paracelsisch vermischte Stuck« verlangte einen besser ausgebildeten Apotheker, darüber hinaus aber auch veränderte, modernere Arbeitsbedingungen räumlicher wie apparativer Art. Langsam begannen das »Laboratorium chymicum« und mit ihm die »chymischen Arzneien« die Apotheke zu erobern. Damit aber erhielt eine alte Frage neue Bedeutung: In welchen Gefäßen sollte man empfindliche oder leicht verderbliche Arzneien zubereiten und aufbewahren? Dieses Problem interessierte besonders auch die Ärzte, die mitunter ratlos Medikamente, die in Geschmack, Geruch oder ganz und gar verdorben waren, in Händen hielten, von denen der Apotheker nichtsdestoweniger beteuerte, er habe sie »recenter — frisch« und »lege artis — nach der Regel der Kunst« zubereitet. Da erinnerte man sich eines Buches, das Ende des 15. Jahr-

Wenn der »Dorfapotheker« noch einen Hauch von Seriosität vermittelt und ein Schimmer echten Apothekertums über dem Bilde liegt, so wird der Bader, der seine Schröpfköpfe setzt, zur Ader läßt und eingewachsene Zehennägel operiert, in einem Milieu gezeigt, das weit unter dem der Apotheke steht.

hunderts der Salernitanische Arzt Saladin von Ascolo geschrieben hatte: Sein Hauptwerk, das um 1488 erschienene »Compendium aromatariorum«, mit dem — wie er hoffte — »der Unwissenheit der aromatarii« (der damaligen Apotheker also) abgeholfen werden könne, »die gelegentlich die Ärzte in Mißkredit brächten«. Beispielsweise bestehe bei ihnen Unsicherheit darüber, in welchen Gefäßen bestimmte Arzneien zweckmäßig unterzubringen seien. Deshalb wolle er einmal alle Arten von Gefäßen beschreiben, die in den Apotheken verwendet würden:

Vasa vitrea — Glasgefäße,
Vasa vitrata — glasierte Gefäße,
Vasa plumbea — bleiglasierte Gefäße,
Vasa de porcellanibus — Porzellangefäße.

Die Porzellanherstellung war zwar zu jener Zeit in Europa noch unbekannt. Doch Saladin wies darauf hin, daß ein alter Schriftsteller geraten habe, man müsse solche Gefäße, die seit 1324 als »Vasa murrhina« in Europa bekannt seien und aus China eingeführt würden, »quae Porcellana patrio sermone appellantur — die in der Heimatsprache Porzellan (= murrhinische Gefäße) genannt würden«, von dort importieren.

In seiner Aufzählung nennt Saladin weiter: Vasa ferrea und argentea, eiserne und silberne Gefäße, Vasa aurea und deaureata, goldene und vergoldete, Vasa stannea, zinnerne, und Vasa de cornu, Gefäße aus Horn. Alle diese Behälter verschloß man mit Wachs oder Pech, obwohl Korkstopfen schon bekannt waren. — Das Ende des 15. Jahrhunderts brachte eine völlig neue Entwicklung, die in den Apotheken zu den herrlichen und für sie so typischen Schmuckstücken geführt hat: den Majoliken. Man kann davon ausgehen, daß zu allen Zeiten die Freude am Dekorativen auch auf das Arzneigefäß übertragen wurde, wobei das Monumentale und Ornamentale stets beliebte Stilmittel in der heilkundlichen Symbolik waren. Zudem geht die künstlerische Verfeinerung von ärztlichem Instrument und Gerät oder von Aufbewahrungs- und Abgabegefäß für Arzneimittel bis auf die griechischen Inschriftensäulen, die stelai, zurück. Vor allem die »Standgefäße« in den Apotheken, seien sie aus Keramik, Stein, Majolika oder Porzellan, Holz oder Glas, regten zu allen Zeiten die Künstler an, sich mit ihrer Gestaltung zu beschäftigen. Auf den Gemälden alter Meister finden sich die Schauwände der Apotheken im reichen Schmucke ihrer bunten Gefäße, und die Holzschnitte des frühen 16. Jahrhunderts zeigen ebenso wie die Kupferstiche des Barock und des Klassizismus auf anschaulichste Weise, wie man sich die Offizinen jener Zeit vorzustellen hat.

Dagegen weiß man wenig von der Zeit vor 1500. Es gibt zwar einzelne Funde, die angeblich auf alte Apothekengefäße verweisen, aber das Vergleichsmaterial im gemalten Bild, das notwendig wäre, um sie eindeutig zu identifizieren, fehlt meistens. So müssen wir annehmen, daß die übliche Haushaltskeramik, hier und da zweckentsprechend verändert, auch in den Apotheken ihre Verwendung gefunden hat. In diesem Punkt scheint Köln und mit ihm seine nähere und weitere Umgebung durch das »Rheinische Steinzeug« im Spätmittelalter von einer gewissen Bedeutung gewesen zu sein. Die

Keramiksammlungen der großen Museen der Welt zeigen prachtvolle Exemplare von Krügen und Schnellen, Schalen und Kannen Kölner, Raerener, Frechener und besonders Siegburger Provenienz, neben denen sich zuweilen eigenartige, scheinbar mißlungene Formen schmucklos gehaltener Gefäße merkwürdig ausnehmen. Lange Zeit hat man Schenkkrüge aus dem 15. Jahrhundert, die an beiden Seiten eingedellt und dadurch recht »griffig« geworden waren und deren Schneppe (der Ausguß) nicht auf der dem Henkel entgegengesetzten Seite, sondern links oder rechts seitlich angebracht war, als Fehlbrände angesehen und diese Stücke in die Depots der Museen verbannt. Einem Apotheker aber, der einen solchen Krug in die Hand nähme, würde sich sehr bald eine verblüffend einfache Lösung für diese Deformierung aufdrängen: Infolge der seitlichen Einbuchtungen liegen die schweren Gefäße gut in der Hand und sind leicht zu manipulieren. Der Apotheker ist gewohnt, in fast »berufsspezifischer« Weise mit flach nach vorne geöffneter Hand »über den Daumen« zu gießen. Verfährt man einmal so mit diesen Gefäßen, so wird die seitlich angebrachte Schneppe plötzlich sinnvoll. Vielleicht haben wir in den von der Kunstgeschichte bisher stiefmütterlich behandelten Krügen Vorläufer der kunstvoll gestalteten, überaus wertvollen Apothekengefäße späterer Zeiten vor uns. Damit soll natürlich nicht behauptet werden, daß alle derartigen Keramiken »Apothekerkrüge« gewesen sein müßten. Vor solchen Generalisierungen hat man sich zu hüten, ebenso vor der Annahme, daß Gefäße, die hin und wieder bei Ausgrabungen in der Nähe ehemaliger Apotheken gefunden werden, in jedem Fall zu deren Inventar gehört hätten. Natürlich bestätigen auch hier die Ausnahmen die Regel. So wurden vor wenigen Jahren in Köln in der Nähe der Ulrichspforte (Ulrich von Ulre, Ulner = Töpfer; lat. olla — der Topf) an der Weyerstraße bei Ausschachtungsarbeiten neben einer großen Anzahl Scherben Gefäße gefunden, die zu den Laborutensilien eines Färbers, vielleicht aber auch eines Apothekers gehört haben. Von alten Abbildungen her kennt man sie zwar längst, aber selten hat man sie so unversehrt, aus so früher Zeit (15. Jahrhundert) in die Hand bekommen wie hier.

Die Malerei hat sich des Salbentopfes in besonders eigenartiger und liebevoller Weise angenommen: Die Darstellung der Maria Magdalena ist ohne dieses Attribut kaum denkbar! Vor allem Köln birgt in seinem Wallraf-Richartz-Museum Marien- und Magdalenenbildnisse, die z. T. aus der Kölner Schule stammen und mit der besonderen Ausstrahlung des »Gewachsenen«, des »Dorthin-Gehörens« ausgestattet sind. Diese Bildnisse, etwa aus der Hand des Meisters der Lyversberger Passion oder des Schöpfers des Bartholomäusaltars, sind von einmaliger Schönheit. Am eindrucksvollsten aber bleibt die Maria Magdalena des Wittenberger Apothekenbesitzers Lucas Cranach d. Ä., die in ihrer Anmut unwiderstehlich und von zauberhaftem Reiz ist.

Aber verweilen wir noch einen Augenblick in der alten Domstadt am Rhein. Nahe dem Kölner Dom, neben dem von einem ehemaligen Luftschutzbunker überdachten herrlichen römischen Dionysos-Mosaik, das im letzten Krieg freigelegt wurde, steht ein Grabstein, dessen Inschrift lautet:

Obwohl wir Bilder aus der deutschen Apotheke seit der Gotik kennen, entzücken die Darstellungen aus dem Biedermeier am meisten. Mag es die elegante Kleidung, das sichere, natürlich-bürgerliche und ein wenig schablonisierte Stilempfinden jener Epoche sein, kurz: Unsere Klischeevorstellung von der Apotheke der Vergangenheit scheint im Biedermeier zu wurzeln. Die obige Lithographie gibt in zwar anspruchsloser, doch darum nicht weniger ansprechender Weise das Bild der Apotheke vor 150 Jahren wieder.

»Sexto Haparonio Justino
Negotiatori, Seplasiario,
Fratres faciendum curaverunt.«

In der Übersetzung etwa: »Dem Kaufmann und Salbenhändler Sextus Haparonius Justinus setzten seine Brüder dieses Denkmal.« Was ein Seplasiarius ist, wird an anderer Stelle ausführlich erklärt und bedürfte hier kaum der Erörterung, wenn nicht kölnische Geschichtsschreiber eine zusätzliche »ortsgebundene« Bedeutung erdacht hätten. Laut »Führer« durch den Dombunker soll in dem guten Sextus Haparonius Justinus »der älteste Händler für Kölnisch-Wasser zu erblicken sein; denn die heutige Form der Eau-de-Cologne-Flasche ist schon um 200 n. Chr. in Köln erfunden worden, sie diente nachweislich damals schon zur Aufbewahrung von Riechstoffen«. Zweifellos eine originelle, wenn auch ein wenig von rheinischer Fabulierkunst geprägte Interpretation, in der das Quentchen kölnischen Humors sicherlich nicht fehlt.

Hinter dem kleinen Kosmetikfläschchen aber verbirgt sich der dritte Begriff im Titel dieses Buches und Kapitels: die Phiole! Auch dieses Wort kommt aus dem Griechischen und leitet sich von » φιάλη — Schale«, vor allem »die kleine Schale, das Schälchen«, ab. Jedenfalls meinten schon die Griechen, wenn sie diesen Ausdruck benutzten, im allgemeinen ein Gefäß, das nur zur Aufnahme kleiner Substanzmengen geeignet war. Die Bezeichnung »Phiole« übertrug man im Laufe der Zeit auf sehr lange, dünnwandige Glaskolben geringen Volumens. Natürlich gab es des öfteren Verballhornungen, u. a. brachte man »Phiole« mit dem naheliegenden »viola — Veilchen« oder »filiolus — Söhnchen« in Verbindung. Aber unabhängig davon, wie das Wort gedeutet wurde, war stets die Vorstellung damit verknüpft, daß es ein Gefäß bezeichne, geeignet, nur kleinste Mengen irgendeiner Flüssigkeit oder festen Substanz aufzunehmen. Die Phiole wurde daher bevorzugt gebraucht, Duftstoffe und andere Pretiosen der Natur aufzubewahren, nicht zuletzt auch Auszüge »aller tödlich feinen Kräfte«, von denen Faust in der Osternacht spricht:

»Ich grüße Dich, du einzige Phiole,
Die ich mit Andacht nun herunterhole!
In dir verehr ich Menschenwitz und Kunst.
Du Inbegriff der holden Schlummersäfte,
Du Auszug aller tödlich feinen Kräfte,
Erweise deinem Meister deine Gunst!«

Neben dem todbringenden Gift barg sie vor allem aber die größte Kostbarkeit: Die oft lebensrettende Arznei!
Diese wird nun heute nicht mehr in Phiolen, sondern in Ampullen eingeschlossen, deren Name sich von der antiken Amphore herleitet. So rundet sich denn der Kreis! Er umfaßt den großen und groben Mörser, der das Ausgangsmaterial liefert, den zerbrechlicheren Kolben, worin es geläutert,

verändert und veredelt wird, und schließlich die quantitativ unbedeutsame Arznei, deren Kostbarkeit aber unwägbar groß sein kann, denn: »In minimis Deus est maximus — in den kleinsten Dingen ist Gott am größten.«

Pharmazie und Pharmazeuten im Urteil älterer Geschichtsschreibung

Im Jahre 1697 schrieb in Halle der Jurastudent Ludwig Fritsch eine Dissertatio inauguralis, also eine Doktorarbeit, die den Titel trug »De jure circa pharmacopolia civitatum — Über die Rechtslage der Stadtapotheker«. Der Fakultät gegenüber war der bedeutende deutsche Rechtsgelehrte und Philosoph Christian Thomasius (1655—1728) als Präside aufgetreten, was zur Folge hatte, daß auch die genannte Arbeit als ein Werk von Thomasius selbst angesehen wurde. Das Verhältnis Doktorvater — Doktorand war ein wenig anders als heute, was allein aus der Tatsache hervorgeht, daß z. B. unter Thomasius' Namen etwa 150 Dissertationen bekannt geworden sind. Diese Zahl wirkt zunächst verblüffend, wenn man erfährt, daß lediglich zwei für die Erlangung eigener akademischer Grade in Betracht kamen, und daß die übrigen nur unter seinem Präsidium verteidigt wurden. Es gilt aber zu bedenken, daß sich das frühere Promotionsverfahren vom jetzigen darin unterschied, daß heute das Hauptaugenmerk auf die schriftliche Arbeit gerichtet wird und die mündliche Prüfung nur ergänzend daneben tritt. Zu Christian Thomasius' Zeit aber lag das Schwergewicht auf der mündlichen Verteidigung einer Arbeit, als deren Autor im allgemeinen der Präses (Doktorvater) galt. Diese juristische Untersuchung vermittelt uns ein Bild, wie man im 17. Jahrhundert über die deutsche Pharmazie gedacht hat. Die objektiven Erörterungen spiegeln die Auffassung einer ganzen Epoche von Ursprung und Bedeutung pharmazeutischer Tätigkeit wider. Die Arbeit des Thomasius-Schülers Fritsch wurde in dem Bemühen verfaßt, die rechtliche Stellung der Stadt-Apotheken zu untersuchen. Allein die Tatsache, daß der große Rechtsgelehrte Thomasius, der sich bevorzugt aktuellen Problemen seiner Zeit zu stellen pflegte (z. B. den Hexenprozessen, zu deren Beendigung

Bildseite 157

»Apotheker von Stahl, Ritter von und auf Pfeilhaldern. In den Jahren 1828 und 29 noch ausübender Apotheker in Augsburg. — Nach der Natur aufgenommen und gemalt von Pharmaceut Kühnle jr. während der Visitation der Apotheke von Biermann in Augsburg im Jahre 1828.«
Johann Georg Biermann war bis 1835 Inhaber der heutigen Marienapotheke in Augsburg.

er beitrug), es für notwendig erachtete, über diese Fragen eine Arbeit schreiben zu lassen, zeigt, daß die Pharmazie und mit ihr Existenz und Entwicklung der Apotheken um die Wende zum 18. Jahrhundert im Blickpunkt der Öffentlichkeit standen.

Die Schrift ist in drei Kapitel eingeteilt. Das erste »de origine et statu pharmacopoeorum — über Ursprung und Stand der Apotheker« enthält Ausführungen zur geschichtlichen Entwicklung des Apothekerstandes. Gleichzeitig wird aber auch die Ausbildung in Medizin, Chemie und Botanik, soweit diese die Pharmazie betrifft, berücksichtigt. Es handelt sich bezeichnenderweise nicht um einen in chronologischer Folge gegebenen Überblick über die Geschichte der Pharmazie, sondern um eine Betrachtung nach einzelnen Gesichtspunkten, die jeweils von den ersten diesbezüglichen Überlieferungen bis zum 17. Jahrhundert reichen.

Die zwei folgenden Kapitel »de pharmacopoeorum officio et privilegiis — über Pflichten und Privilegien der Apotheker« und »de cura magistratus circa pharmacopolia et pharmacopoeos — von der Aufsichtspflicht der Behörden über Apotheken und Apotheker« befassen sich mit den zeitgenössischen Zuständen in der Pharmazie. Bei der Besprechung der einschlägigen Gesetze wurden ausdrücklich jene übergangen, die für Pharmazeuten und Mediziner gemeinsam verbindlich waren. Der Apothekerstand als solcher, seine Pflichten und Rechte, die Abgrenzungen zur Ärzteschaft einerseits und zu niederen Ständen wie Gewürzkrämern, Laboranten und ähnlichen Berufsgruppen andererseits sollten definiert und eindeutig festgelegt werden. Das Privilegienrecht und damit zusammenhängende Fragen, die behördliche Aufsichtspflicht, die Bestrafung von Nachlässigkeit, Betrügereien und anderen Fehlern waren Gegenstand der Untersuchung. Bezüglich der Privilegien sprach sich Thomasius grundsätzlich für die Freiheit der Gewerbe (libertas negotiorum) aus. Doch könne es nicht erlaubt werden, nach Belieben eine Apotheke zu eröffnen; nur eine begrenzte Anzahl verhüte, daß ein Apotheker den anderen behindere und so die Arzneiversorgung litte:

> »Die Pharmacopoei, bei den Deutschen die Apotheker, über die im vorliegenden einiges erörtert werden soll, haben zu verschiedenen Zeiten und bei den verschiedenen Völkern, entweder auf Grund ihrer spezifischen Eigenschaften oder zufällig, unterschiedliche Namen. Denn man liest ja, daß sie bei den einen bald Seplasiarii, bald Aromatarii, Medicamentarii und Pigmentarii genannt werden, bei anderen bald als Confectionarii, Unguentarii und Apothecarii begegnen. Was die Gebräuchlichkeit in unserem Jahrhundert betrifft, so glauben wir, daß es außerhalb jeder Möglichkeit des Zweifels liegt, daß die Pharmacopolae ein von den Gewürzkrämern und Materialisten verschiedenes Geschäft betreiben. Weil aber dennoch unter ihnen — wie es der verderbten menschlichen Art entspricht — nicht selten häßliche Streitereien zu entstehen pflegen, deren Ursache hauptsächlich darin liegt, daß die Pharmacopolae sich beklagen, ihr Geschäftsbereich werde von den Aromatopolae durch Zubereitung und Verkauf von Medikamenten gestört, soll hier, damit möglichst deutlich wird, was ein Pharmacopola ist und wer aufgrund seiner Tätigkeit so genannt wird, dieser Sachverhalt aus der Geschichte und etwas eingehender als in früheren Zeiten geklärt werden.«

Weit in die Vergangenheit zurückgreifend, beginnen die Betrachtungen mit einigen Hinweisen auf die »Jugend der Medizin«. In ihrem Anfangsstadium sei die Heilkunst vor allem auf Diätetik und Botanik gegründet gewesen; schon bald aber sei die ursprüngliche Einfachheit durch das Aufkommen verschiedenartiger medizinischer Heillehren verändert worden, die in Form einzelner Sekten einander bekämpften. Nachdrücklich wird festgestellt, daß die Ärzte des Altertums — wie sie sich auch sonst unterscheiden möchten — die Arzneimittel selbst hergestellt und dispensiert hätten.
Auch einfachere und schwierigere chirurgische Operationen seien von den Ärzten ausgeführt worden, obwohl dies, wie einige Autoren sagen, für den Arzt unzumutbare Dienstleistungen gewesen wären. Dies sei der Grund dafür, daß die Römer über einen langen Zeitraum hinweg die Medizin als eines freien Menschen unwürdig angesehen und ihre Ausübung den Sklaven und Freigelassenen überantwortet hätten. So könne man es verstehen, daß die rationalistische Schule verschiedene Teile der Medizin bestimmt habe. Aus der Dreiteilung der Heilkunst bei Celsus aber folgerte Thomasius keineswegs eine Abtrennung der Pharmazie von der Medizin. Pharmazie sei vielmehr zu jenem Zeitpunkt noch ein von den Ärzten ausgeübter Zweig der gesamten Heilkunde gewesen. Auch sei es falsch, etwa aus den Angaben der Bibel herzuleiten, ein eigentlicher Apothekerstand habe sich schon zu sehr früher Zeit gebildet. Die »Apotheker«, die in der Lutherschen Bibelübersetzung mit diesem Namen versehen würden, seien allenfalls Unguentarii, also Hersteller und Verkäufer von Salben gewesen, wobei man bedenken müsse, daß der Begriff »Salbe« für das Altertum weniger eine Bezeichnung für eine arzneiliche Applikationsform bedeutet habe, als vielmehr »eine Mischung verschiedener Düfte unter Beifügung von Öl oder Balsam ... zur Salbung des Körpers, des Luxus' und der Köstlichkeit wegen«.
Ausführlich werden Herkunft und Gebrauch der Begriffe Pigmentarii, Seplasiarii etc. behandelt. Man war der Meinung, daß durch bewußt oder unbewußt falsche Auslegung gerade dieser Bezeichnungen Kompetenzstreitigkeiten zwischen den betreffenden Berufsgruppen in der Gegenwart aufgetreten seien.
Was den Terminus Pigmentarius angehe, so müsse man unterscheiden, was einerseits die Griechen, andererseits die Römer darunter verstanden hätten. Bei den Griechen sei mit »Pymenton« alles bezeichnet worden, was an Gewürzen im Hause sein sollte, und der Pigmentarius sei derjenige gewesen, bei dem man diese habe erstehen können. Aber schon bei den Römern hätten die Pigmentarii mit Kräutern und »gewissen medizinischen Spezialitäten« gehandelt, so daß sie in späterer Zeit Aufgaben ähnlich denen der heutigen Apotheker erfüllt hätten. — Die Seplasiarii würden ihren Namen von Seplasia oder Seplasio (foro) bei Capua herleiten, wo die meisten Vertreter dieses Standes ansässig gewesen seien. Alles, was zur Herstellung von Balsamen, Salbölen, Weihrauch, Düften, Pharmaka und »derartigem Kleinkram« notwendig war, hätten sie feilgeboten. Seplasiarius habe man auch einen weibischen Mann genannt, der übermäßigen Luxus für seine Körperpflege aufwandte. Doch glaubte man, daß nur die Seplasiarii in ihrer Tätigkeit der eigentlichen Pharmazie nahegestanden hätten.

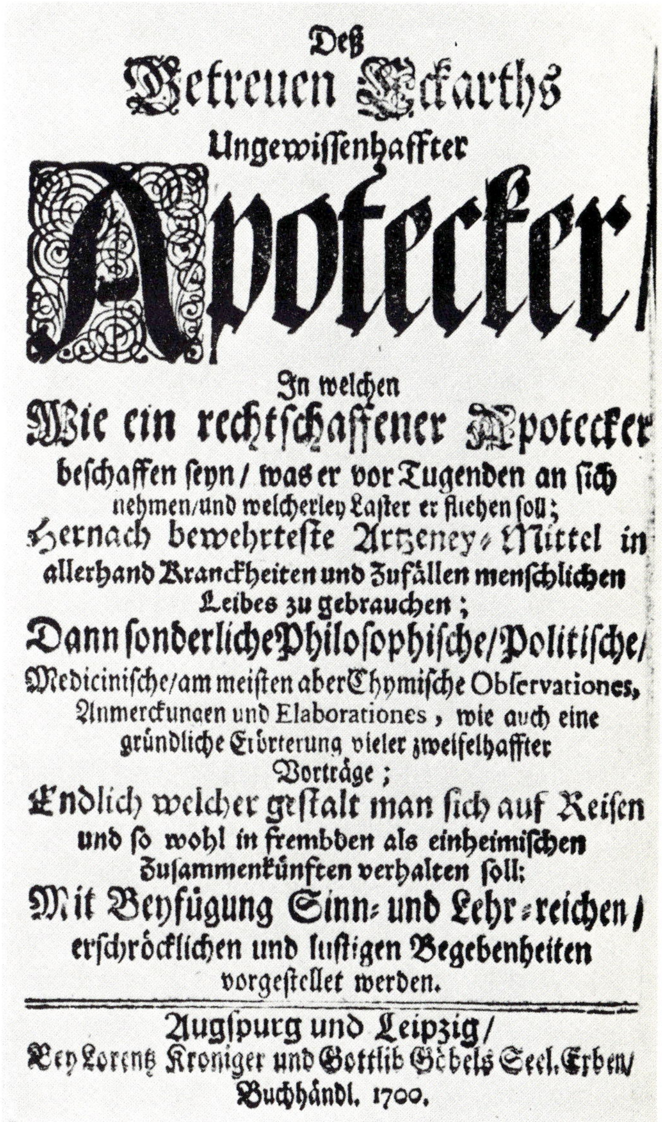
Deß
Getreuen Eckarths
Ungewissenhaffter
Apotecker/
In welchen
Wie ein rechtschaffener Apotecker
beschaffen seyn / was er vor Tugenden an sich
nehmen/und welcherley Laster er fliehen soll;
Hernach bewehrteste Artzeney-Mittel in
allerhand Kranckheiten und Zufällen menschlichen
Leibes zu gebrauchen;
Dann sonderliche Philosophische/Politische/
Medicinische/am meisten aber Chymische Observationes,
Anmerckungen und Elaborationes, wie auch eine
gründliche Erörterung vieler zweifelhaffter
Vorträge;
Endlich welcher gestalt man sich auf Reisen
und so wohl in frembden als einheimischen
Zusammenkünften verhalten soll:
Mit Beyfügung Sinn- und Lehr-reichen/
erschröcklichen und lustigen Begebenheiten
vorgestellet werden.

Augspurg und Leipzig/
Bey Lorentz Kroniger und Gottlib Göbels Seel. Erben/
Buchhändl. 1700.

Karikaturen müssen nicht immer auf das Bild beschränkt bleiben. Auch das Wort kann diese Funktion übernehmen. So ahmte schon 1700 Ettner von Eittritz, der »Getreue Eckarth«, auf seine Weise große Vorbilder nach, die sich die Heilkundigen wie die Patienten zur Zielscheibe beißenden Spottes erkoren hatten. Wenn ihm auch die geschliffene gallische Diktion fehlte, so sind seine Bemerkungen doch nicht weniger zutreffend.

»Besonders die ganze materia medica lag bei ihnen zum Verkauf aus; dort kauften sie die Ärzte; das begann allgemein gebräuchlich zu werden in der griechischen Spätzeit, während früher die Ärzte gehalten waren, die Medikamente selbst (mit der Hand) zuzubereiten. Zu diesen [Seplasiarii] kamen also noch die Medicamentarii hinzu, so genannt, weil sie die Medikamente zusammenstellten.«

Die Medicamentarii, die nicht scharf von den Unguentarii und Seplasiarii zu trennen seien, hätten in Rom in sehr schlechtem Ruf gestanden und wären der Giftmischerei und anderer Verbrechen gern bezichtigt worden. Von den Aromatarii wird behauptet, daß ihnen, im Gegensatz zu den vorher behandelten Berufsgruppen, zu Anfang nur der Verkauf von Gewürzen, nicht aber die Herstellung von Medikamenten gestattet gewesen sei. Ausdrücklich wird darauf hingewiesen, daß diejenigen, die man, wie zur Zeit üblich, »Apotheker« nenne, nichts mit der Bezeichnung »apothecarii« der Alten gemeinsam hätten. Bei Columella und anderen wäre unter dem Begriff »apotheca« ein Weinkeller verstanden worden, so daß der apothecarius nichts anderes als ein Aufseher, ein Faktor, gewesen sei, dem Vorratsräume unterstanden hätten und der seinem Herrn Rechenschaft habe ablegen müssen.

Der Exkurs über Wesen und Bedeutung der Ausbildung in mittelalterlicher Heilkunde verrät gute historische Grundlagen und eine hohe Urteilskraft. Man weiß von der Schule in Salerno und glaubt, daß diese erst im 11. Jahrhundert auf Anregung Konstantins von Afrika entstanden sei. Als Jurist mißt Thomasius besonders den im Königreich Neapel erlassenen Medizinalgesetzen große Bedeutung bei und zitiert aus den Gesetzestexten des Normannen Roger I. und des Hohenstaufen Friedrich II. eingehend jene Passagen, die sich mit der Ausübung pharmazeutischer Tätigkeit befassen. Er beschließt die Betrachtung mit dem Ausruf:

»Wir wollen wünschen, daß jene Gesetze ebenso genau eingehalten wurden, wie sie beschlossen worden sind. Weit und breit nämlich eignen sich Leute, die keinerlei medizinische Ausbildung genossen haben — gleichsam mit ungewaschenen Händen und schmutzigen Füßen — den Beruf des Arztes an, und sie werden gegen hohe Bezahlung ein Henkeramt betreiben.«

Über eine der Vorstufen der Trennung von Pharmazie und Medizin heißt es, daß die arabischen Ärzte zuerst begonnen hätten, diesen Zweig der Heilkunde (die Pharmazie) von sich auf andere abzuwälzen. Zur Blütezeit der arabischen Kultur habe unzweifelhaft eine derartige Trennung bereits bestanden, und es sei auf arabischen Einfluß zurückzuführen, daß diese »Sitte« in Europa Eingang gefunden habe.

Thomasius sieht die Kreuzzüge als Hauptanlaß für das Eindringen griechisch-arabischer Kenntnisse in das Abendland an. Im 13. Jahrhundert habe allgemein eine ausgebreitete Übersetzertätigkeit begonnen, die zu einem übersteigerten Autoritätsglauben den griechischen Schriftstellern gegenüber geführt habe, wodurch es auch zur Gründung von Apotheken gekommen sei.

Die Germanen der alten Zeit (prisci Germani primis temporibus) hätten keiner Apotheken bedurft, da in ihrem natürlichen, arbeitsamen Leben jeglicher Luxus gefehlt habe; denn »exsulante luxu rariores morbi grassabantur — dort, wo es keinen Luxus gab, wüteten Krankheiten viel seltener«! Erst durch das Christentum und — wie man wortreich zu beweisen suchte — die dadurch bedingte Errichtung von Städten sei die Lebenshaltung weithin unnatürlich geworden:

»Als aber das Christentum entstanden war ... kam es den Bischöfen, die der Papst von Rom zur Bekehrung der barbarischen Völker ausgesandt hatte, fast wie eine Zumutung vor, daß sie in Dörfern unter Menschen von einfachen und bäuerlichen Sitten leben sollten. Denn sie waren sowohl in Griechenland als auch in Italien an feineres, vornehmeres Leben gewöhnt. Also waren sie der Ansicht, daß Städte gegründet werden müßten.

Denn das sagt ja schon Syranidis:

'Viel Fressen macht kranck / und ein unsättiger Fraß kriegt das Krimmen. Viel haben sich zu Tode gefressen / wer aber mäßig ist, der lebt desto länger. Wer für seinen Schöpfer sündiget / der muß dem Arzt in die Hände kommen / Luxus ist der Urquell der meisten Krankheiten.' — Danach war es bei den Germanen folgerichtig, daß sie die ärztlichen und pharmazeutischen Künste ausbildeten. Und damit es den Bürgern an nichts fehle, was auf Grund des eingeführten Luxus notwendig geworden war, richteten sie öffentliche Apotheken ein.«

Zu Anfang habe es sehr wenige Apotheken gegeben. Die Seltenheit medizinischer Einrichtungen in jenen Jahrhunderten sei also der Grund dafür, daß man im älteren deutschen Recht (wie dem Sachsen- und Schwabenspiegel) nichts über Ärzte und Apotheker finde. Im gleichen Maße, wie in späterer Zeit der Luxus in jeder Form und, dadurch hervorgerufen, die Krankheiten zugenommen hätten, »ita etiam de pluribus Medicamentis circumspicere necessitas exegit — so sei es auch notwendig geworden, nach mehr Medikamenten Ausschau zu halten«. Immer häufiger habe diese Entwicklung in größeren und kleineren Städten Apotheken entstehen lassen, über deren Rechtsgrundlage die Autoren feste Vorstellungen hatten:

»Es wundere sich keiner über unsere Methode, warum wir die wichtigsten Kapitel juris pharmacopolarum von den sizilianischen Konstitutionen Rogers und Friedrichs herleiten werden ... Nach dem Grund dafür wird nicht lange zu suchen sein. Wenn wir nämlich ... bedenken, wie teils die vom römischen Papst gesandten Bischöfe ... die deutschen Sitten nach italienischen fleissig umbildeten, teils wie zusammen mit der Einführung der italienischen Akademien in Deutschland auch die Sitten an den Akademien Italiens aufgenommen und überliefert wurden, dann kann man leicht daraus schließen, daß, nachdem die deutschen Sitten einmal zum schlechteren verändert waren, auch mehr Ärzte und Apotheker gebraucht wurden, und jetzt, da man ein-

Bildseite 165

Wer bei diesen beiden köstlichen Figuren Pate gestanden hat, Molière oder Daumier, ist schwer zu sagen. Die beiden 30 cm hohen Metallfiguren französischer Herkunft befinden sich heute in der Sammlung Dörr, Waldenbuch, und beziehen sich in nicht mißzuverstehender Weise auf ein ehemaliges »Privileg« der Apotheker, das Klistiersetzen, dem Molière im »Malade imaginaire« unvergänglich-komische Zeilen gewidmet hat.

mal italienisch zu leben begonnen hatte, man sich auch den angenommenen Konstitutionen der Italo-Christlichen anpassen mußte.«

Ja, es könnten sogar Teile der römischen Gesetze, falls nicht ein offensichtlicher Grund zur Unterscheidung vorläge, auf die heutigen Apotheker angewendet werden. Doch müsse man sich davor hüten, etwa alle Entscheidungen allein aus dem römischen Recht herleiten zu wollen. Zudem betonen die Autoren, daß es sich beim pharmazeutischen Stand eher um einen »willkürlichen« als »höchst notwendigen« handle. Diese Auffassung aber verleitete sie nicht dazu, wie verschiedentlich hervorgehoben wird, die Pharmazie etwa verächtlich zu machen. Religiöse und philosophische Ideen beeinflußten dabei ihre Einstellung zu der Notwendigkeit pharmazeutischer Einrichtungen. — Besonders reizvoll ist der kulturhistorische Rückblick, mit dem Thomasius und Fritsch die Dissertation beschließen und versuchen, dem Phänomen der Pharmazie als einer wissenschaftlichen Aufgabe nachzugehen. In der vorparacelsischen Zeit hätten vor allem zwei medizinische Sekten, die Galeniker und die Hippokratiker, geherrscht. Vor allem der Lehre Galens sei in früheren Zeiten so große Bedeutung beigemessen worden, daß jeder, der sich dagegen aufzulehnen und Neuerungen einzuführen gewagt hätte, als Ketzer verschrieen worden sei. Eben diesen Schwierigkeiten sei Paracelsus bei seinem Auftreten begegnet. Trotz des Widerstandes der meisten Ärzte, d. h. der Schulmediziner, hätten einige wenigstens teilweise seine neuartigen Auffassungen befürwortet. So sei es zur Ausbildung von vier medizinischen Richtungen gekommen:

»Einige sind ganz und gar Anhänger des Paracelsus, gemeinhin auch Chemici genannt; andere hängen nur dem Galen an; einige stehen dazwischen, gleichermaßen in der Lehre des Galen wie des Paracelsus ausgebildet, andere schließlich — man darf aber annehmen, nur wenige — sind noch Anhänger des Hippokrates.«

In der Pharmazie sei inzwischen die alte galenische Methode weithin von der chemischen verdrängt worden. Aber neben diesen verschiedensten Lehrmeinungen nehme die Volksmedizin einen beachtlichen Platz ein; denn das einfache Volk auf dem Land führe noch ein natürliches, gesundes Leben. Träten dennoch einmal Krankheiten auf, so meide der Bauer alles Teuere und komme der menschlichen Natur mit einfachen, billigen Heilmitteln zu Hilfe, die er sich selbst zubereite. Thomasius bezeichnete die Bauern daher kurzerhand als »Pharmacopolae rustici — ländliche Apotheker«.

Von den echten Vertretern der Pharmazie wird gesagt, daß die Apotheker in erster Linie Bürger mit der Aufgabe seien, die Medikamente nach den vom Arzt vorgeschriebenen Rezepten (formulae) teils nach galenischer, teils nach chemischer Kunst zu öffentlichem Gebrauch recht zu bereiten und den Einwohnern größerer und kleinerer Städte zu verkaufen. Thomasius wählte den Oberbegriff »Cives — Bürger«, weil erstens niemand in der Stadt eine Apotheke errichten oder betreiben durfte, der nicht das Bürgerrecht besaß; Cives aber auch, weil der Adel »heute weder allein noch durch Beauftragte nach unseren deutschen Sitten Handel betreibt oder die Pflege der pharmazeutischen Kunst ausübt«; und drittens, weil zur Gesunderhaltung der Landbevölkerung Apotheken offenbar nicht erforderlich, Apotheker daher nur als städtische Bürger denkbar waren.

Vom Arzt unterscheide sich der Apotheker dadurch, daß er nicht behandelnd tätig sein, keine Kranken besuchen oder beraten und keine Rezepte verordnen dürfe, sondern vielmehr nach dessen Vorschriften seine Medikamente herstellen müsse. So könnten die Apotheker Hilfspersonen der Mediziner genannt werden (personae administrae medicorum). Vom Arzt heißt es, daß er wie zur Zeit, da ihm allein die Pflege der Pharmazie oblag, die Pflicht habe, »die Pharmazie zu studieren und die Natur der Simplicia und Composita fleißig zu prüfen«. Außerdem müsse er die medizinische und pharmazeutische Kunst klar voneinander unterscheiden können.

Die Gewürzhändler (Materialisten) bereiteten keine Medikamente, sondern beschäftigten sich nur mit dem Verkauf von Spezereien, wodurch sie eine Stufe unter den Apothekern stünden, wie diese ihrerseits eine Stufe unter den Ärzten. Quacksalber, Marktschreier, Störger, Theriakkrämer seien meist Betrüger, indem sie sich für Ärzte und Apotheker gleichermaßen ausgäben. Das Publikum könne vor ihnen nur durch behördliches Eingreifen geschützt werden. Laboranten, Destillateure und Balsamträger seien jenen Quacksalbern nicht unbedingt gleichzusetzen, obwohl auch sie häufig auf Betrug ausgingen. Sie verkauften Medikamente, die sie selbst ohne ärztliches Rezept zubereitet hätten, und unterschieden sich dadurch sowie durch ihr Umherziehen grundsätzlich von den Apothekern. Thomasius regte an, ihre arzneilichen Waren durch Sachverständige überprüfen zu lassen.

Aufschlußreich ist, was er über die Klassifizierung der Apotheker sagt: Der Apothekerstand selbst unterteile sich in Groß- und Kleinstadtapotheker; hier seien die Unterschiede naturgemäß fließend und nicht klar zu definieren. Nur die Großstadtapotheker entsprächen den Anforderungen, die an den wirklichen Pharmazeuten zu stellen seien. Der Zustand in den Offizinen kleinerer Orte sei dagegen derart, daß häufig eine Unterscheidung von den Gewürzkrämern kaum möglich sei. — In dieser frühen akademischen Schrift über pharmaziegeschichtliche und apothekenrechtliche Probleme sind besonders die Stellen von aktuellem Interesse, wo sozialkritische Bemerkungen über den Stand des Apothekers in der Gesellschaft gemacht werden. Wenn Thomasius den Apotheker auf die zweite Sprosse in der Hierarchie der Heilberufe stellte, so entsprach er damit ganz der Auffassung seiner Zeit, wie sie in allen Medizinalordnungen allein dadurch zum Ausdruck kommt, daß die Kapitel »Von den Apothekern« immer an zweiter Stelle rangieren. Daß er die Gewürzkrämer und Spezereihändler in einem Atemzug miterwähnt und ihnen die dritte Sprosse der Leiter

Bildseite 169

»Patientin, Arzt und Apotheker«

Diese vermutlich französische Miniatur (hier vergrößert), deren Herkunft, Entstehungszeit und Maler unbekannt sind, verdeutlicht in einfacher und klarer Weise eine wichtige Problematik im Verhältnis der Kranken zu den Heilkundigen. Auf der einen Seite des Tisches steht die Hilfesuchende allein; gemeinsam auf der andern Arzt und Apotheker. So sieht sich der Kranke stets einer Vielzahl helfender Hände gegenüber, in die er sich vertrauensvoll begeben kann. Doch liegt gerade darin auch die Stärke seiner Position, da sie die Helfer zu verantwortungsbewußtem Handeln verpflichtet.

zuweist, mag für ihn folgerichtig gewesen sein. Heute aber kann eine solche Sicht nicht mehr als verbindlich anerkannt werden, da die Heilkunde unserer Zeit nicht mehr durch die Sprossen einer Leiter, sondern durch die zwei Arme einer Gabel versinnbildlicht wird, von denen der eine die Medizin und der andere die Pharmazie darstellt.

Das Bild des Apothekers in der Öffentlichkeit

Homo sum; humani nil a me puto — Ein Mensch bin ich, nichts Menschliches ist mir fremd.
(Terenz)

Alle Berufe prägen mehr oder minder ihre Angehörigen, was zur Folge hat, daß die Umwelt diese in einem ganz bestimmten Licht sieht und sogar in gewisser Weise schablonisiert. Oft aber kommen Leitbilder auch zufällig zustande, wenn z. B. in Literatur oder Malerei, in Oper oder Film künstlerische Notwendigkeit eine Gestalt mit typischen Eigenschaften erfordert. Diese Art von Leitbildern wird dann ebenfalls übernommen, ja, sie prägt sich ob ihrer Bildhaftigkeit besonders tief ein und bleibt häufig sehr lange im allgemeinen Bewußtsein haften. Dies trifft in vieler Hinsicht gerade auf den Apotheker zu; denn das Bild, das die Öffentlichkeit heute von ihm hat, wird oft durch Vorstellungen bestimmt, die längst der Vergangenheit angehören. Der Grund hierfür mag nicht zuletzt in einer — allerdings schon versunkenen — Berufspoesie, ja Berufsromantik zu suchen sein, die aus der kleinbürgerlichen Welt der Apotheken- und Apothekerbilder Spitzwegs stammt. In ihr paßte noch alles zusammen: Die fein säuberlich geordneten Arzneiflaschen und Teetonnen auf den Regalen zu dem ausgestopften Krokodil über der Rezeptur, die kunstvollen Perücken der Damen zu den Spitzenjabots der Herren und der »Verliebte Provisor« in biedermeierlicher Idylle zu seinen Schubladen, Mörsern und Retorten. So hübsch diese Bilder auch sein mögen, sie verführten dazu, den Beruf des Apothekers zu verniedlichen. Die Ursachen dieser Betrachtungsweise sind aber schon sehr früh zu finden.

Ohne Zweifel hat an der Wiege des Apothekers nicht die Akademie gestanden, sondern die Empirie. Der »famulus«, im Deutschen oft »Knecht« genannt, ist geschichtlich gesehen der erste »Student« der Pharmazie. Die Anforderungen an diesen Jünger der Kunst scheinen freilich nicht besonders hoch gewesen zu sein. In Coburg z. B. hieß es im Jahre 1573 mehr als bescheiden, daß Apothekergesellen

»keine Idioten« sein dürften; sie müßten lediglich den Arzt verstehen, die »vocabula artis — die pharmazeutischen Fachausdrücke« kennen und alte Scripta lesen können. 1688 beanspruchten Nürnbergs Apotheker das Recht, einen Degen zu tragen, und wandten sich dieserhalb an den Magistrat. Der Degen nämlich hätte sie äußerlich als Akademiker ausgewiesen, somit in einen höheren Stand erhoben, sie darüber hinaus grundsätzlich von den üblichen Stadtlasten befreit und ihnen ferner Wachdienst und Einquartierung erspart. Doch der Erfolg war nicht groß, und so suchten sie andere Wege, um dieses Ziel zu erreichen. Dabei verschafften sie sich z. B. berufsfremde Zunftmeisterposten, um in die Stadträte zu gelangen. Trierer Apotheker verirrten sich auf diese Weise zu den Steinmetzen, Lohgerbern, Geschenkteren u. a.; einer wurde um 1660 sogar Metzgeroberamtsmeister.

Das alles aber stimmt nicht mit dem Bild überein, das zu Beginn des 16. Jahrhunderts der einflußreiche französische Arzt und Professor an der Pariser Universität, Jacobus Sylvius (Jacques du Bois; 1492—1564), vom Apotheker entworfen und dem er den Titel gegeben hatte: »Qualem virum pharmacopolam esse conveniat — Wie ein Apotheker sein soll«. Die Bedeutung und Wirkung dieser Ausführungen kann kaum besser veranschaulicht werden als durch die Tatsache, daß der Rat der Stadt Nürnberg sie als Anhang dem ersten amtlichen Arzneibuch des Abendlandes, dem Dispensatorium des Valerius Cordus (1546/47), der sog. Nürnberger Pharmakopoe, beifügte. Die fast dichterische Schönheit der Sprache, die auch in der deutschen Übersetzung erhalten bleibt, die Prägnanz der Definitionen und vor allem der in ihnen zum Ausdruck kommende Geist, in dem die Apotheker im 16. Jahrhundert angetreten sind und den sie Jahrhunderte hindurch bis in unsere Zeit bewahrten, rechtfertigen die Wiedergabe des vollen Textes.

»Wie ein Apotheker sein soll.

Ein so großer Schutz für die menschliche Schwäche liegt in der Medizin, daß Homer, der herrlichste aller Dichter, vom Arzt, wie ich glaube, nicht ohne Grund gesagt hat, ein Arzt wiege viele andere Männer auf.

Wie jetzt die Medizin gehandhabt wird, beansprucht der Apotheker wahrlich nicht einen geringen Teil dieses Lobes für sich, da er gleichsam die rechte Hand des Arztes ist. Durch seine Schuld kann oftmals nicht nur das Wohl des Kranken, sondern auch das des Arztes in Gefahr

Bildseite 173

»Der Kapitän als Apotheker«

Hans von Bartels (1856—1913) malte mit diesem Bild eine seltene Szene aus der Welt der Pharmazie: Der kranke Schiffsjunge und der hilfreiche Kapitän. Die Arzneivorschrift wird getreulich dem »Doktorbuch«, das in der geöffneten Schiffsapotheke liegt, entnommen. Arzneiversorgung auf den Schiffen war stets eine schwierige Sache, besonders auf den Seglern der vergangenen Jahrhunderte. Auch heute ist sie noch nicht vollkommen. Die Arzneikisten der ‚Windjammer‘, von denen hier eine gezeigt wird, sind zwar moderneren Schiffsapotheken gewichen, doch nur auf größeren Schiffen entsprechen sie den Erfordernissen unserer Zeit.

gebracht werden, wenn er das, was dieser richtig vorschreibt, nicht genau genug befolgt: entweder weil der benötigte Stoff nicht vorhanden oder weil er verfälscht ist. Deshalb kommt es nämlich vor, daß dem Kranken nicht nur nicht in jeder Hinsicht geholfen wird, sondern daß er, was noch viel schlimmer ist, auch noch Schaden leidet. Der Arzt aber, außer daß man ihn für unerfahren hält, indem man ihn verdächtigt, daß er die Krankheit nicht richtig beurteilen könne oder nicht die richtige Medizin zu verordnen wisse, wird auch noch in die Irre geführt. Aus diesem Grunde sollten die, die das Ruder des Staates führen, nicht jeden beliebigen ohne Überlegung zur Ausübung des Apothekerberufes zulassen. Damit aber die Gutwilligen ihre Pflicht auch erfüllen, werden wir mit wenigen Worten den tüchtigen Apotheker darstellen, damit wir die Ungeeigneten und Unredlichen von dieser so gefährlichen Tätigkeit abhalten, die Tüchtigen aber umsomehr zur eifrigen Übernahme dieses Berufes bewegen.

Vor allem soll er der lateinischen Sprache nicht nur auf die gewöhnliche Weise, sondern bis zur vollständigen Beherrschung ihrer Eigentümlichkeiten mächtig sein, damit er das, was die gelehrten Ärzte entweder allgemein oder im einzelnen vorschreiben, richtig und genau verstehen kann. Auch soll er nicht glauben, daß er genügend ausgebildet sei, wenn er einmal die gewöhnliche Lehrzeit seines Berufes durchgemacht, gleichsam das Handwerkliche gelernt hat. Denn, da täglich viele neuartige Arzneizubereitungen erfunden werden, auch viele, bereits der Vergessenheit anheimgefallene, wieder ans Licht kommen, jene neuen ebenso täglich zu erlernen sind, und er nicht immer jemanden haben kann, der ihm dies praktisch zeigt und vor Augen führt, ist es notwendig, daß er dies aus den Beschreibungen der Gelehrten lerne. Aus eben diesem Grunde wird er, wenn er die lateinische Sprache nicht beherrscht, an den Früchten der neuen Erkenntnisse entweder überhaupt keinen oder nur geringen Anteil haben.

Es ist für ihn auch notwendig, daß er sich über das gewöhnliche Maß hinausgehende Kenntnisse aneignet, besonders in den Dingen, die eigentlich zu seiner Tätigkeit gehören, nämlich welcher Art die Simplicia (Arzneigrundstoffe) sind, deren Beschreibungen er aus den hervorragendsten Autoren für sich zusammentragen soll, bis er ein genaues Wissen über sie erlangt und völlig in sich aufgenommen hat.

Was er erkannt hat, prüfe er nach dem Aussehen, dem Geruch, dem Geschmack und durch das Gefühl, sowie nach anderen vorgeschriebenen Methoden oft und sorgfältig, damit er sich daran gewöhne, nicht nur das Falsche vom Echten und das Verfälschte vom Reinen, sondern auch das Beste vom Mittelmäßigen und das Durchschnittliche vom Minderwertigen zu unterscheiden.

Der andere Grund für die Erfordernis einer so sorgfältigen Prüfung liegt darin: Manche Drogen, wenn auch sonst heilsam und wohltuend, erzeugen nämlich wegen der ihnen eigentümlichen Schärfe beim Kochen in metallenen Gefäßen oder wenn sie mit eisernen Instrumenten lange behandelt werden einen so garstigen und entsetzlichen Gestank, daß sie von einem verabscheuungswürdigen Geschmack und, obwohl wertvoll, für den Magen unverträglich werden. Deshalb muß er auch wissen, in welcher Art von Gefäßen eine jede Medizin zu kochen, zu behandeln und aufzubewahren ist. Dieselbe Sorgfalt versteht sich folgerichtig für das rechtzeitige Sammeln und für die vorschriftsmäßige Aufbewahrung von Kräutern, Blüten, Früchten, Samen und Wurzeln, damit sie weder zu wenig wirksam seien, noch verfaulen oder wegen ungenügender Trocknung alle Kraft verlieren.

Seine Apothekenräume sollen an einem gesunden Orte liegen und zur Lagerung und Aufbewahrung unterschiedlicher Waren geeignet sein; denn manches muß an einem feuchten, das meiste an einem warmen, einzelnes aber an einem trockenen und wieder anderes besser an einem kalten Ort gelagert werden. Wegen dieser Mannigfaltigkeit kann nicht jedes beliebige Haus für seine Zwecke vorteilhaft sein.

Auch gebührt ihm wenigstens ein angemessenes Vermögen, vor allem aber eine edle Gesinnung, der Habsucht und Niederträchtigkeit fremd sind. Wohlstand ermöglicht ihm nämlich, daß er angemessen wohnen kann und daß er die Arzneien, die er kaufen muß, dann erwirbt, wenn ihre Qualität am besten ist. Eine edle, nicht von Habsucht berührte Gesinnung wird ihn davor bewahren, daß er um seines Vorteils und Gewinnes willen lieber das Schlechtere und Billigere als das Bessere, aber weniger Wohlfeile kaufe.

Nachdem er alle Simplicia sorgfältig gesammelt, gekauft und gelagert hat, muß er die Composita (Arzneien) vorschriftsmäßig zubereiten, wobei ihm vor allem Wachsamkeit und Umsicht von Nöten sind. Dabei vertraue er nicht auf sein eigenes Urteil, wenn er etwas austauschen muß, sondern frage den erfahrenen Arzt. Diesen wird er auch bei der Zubereitung der Opiata und anderer ähnlich hervorragender und stark wirkender Arzneien wie einen Lehrer und Richter hinzuziehen und darüber hinaus den einen oder anderen rechtschaffenen und gelehrten Mann oder Ratsverordneten, damit er diese gleichsam als Zeugen seiner Sorgfalt, seines Fleißes und seiner Pflichttreue habe. Darauf überlasse er die so nach Vorschrift hergestellten Arzneien für die notwendige Zeit der Reifung, bevor er sie zum Gebrauch des Publikums verkauft.

Nicht weniger als bei der Lagerung und Zubereitung der Arzneien wird seine Zuverlässigkeit auch bei der Ausscheidung von Simplicia und Composita erfordert. Er soll jeden Monat, oder auch öfters, alles durchgehen und sorgfältig betrachten, damit er Verdorbenes, Verfaultes, Schleimiges, Außer-Gebrauch-Gekommenes und auf sonstige Weise unbrauchbar und unwirksam Gewordenes nach bestem Wissen verwerfe und nicht darin seinen Gewinn suche, wodurch er den Kranken in Lebensgefahr bringt; er sei, wie wir gesagt haben, von edler Gesinnung und bedenke, daß jenes [die Ausscheidung verdorbener Arzneien] ein geringer Nachteil, seine erprobte Zuverlässigkeit jedoch die Voraussetzung für einen größeren Gewinn sein wird.

Da alle diese Dinge unermüdliche Sorgfalt und einen stets gegenwärtigen Verstand erfordern, schickt es sich, darauf zu achten, daß der Apotheker nicht dem Würfelspiel oder ähnlichen Glücksspielen verfallen sei, daß er sich nicht in Trinkgesellschaften ergötze, noch sonstwie berauscht oder betrunken sei oder gar der schändlichen Liebe verfalle. Das Würfelspiel nämlich verleitet zur Nachlässigkeit, die Trunksucht verursacht Irrtümer, Vergeßlichkeit und Dummheit. Die

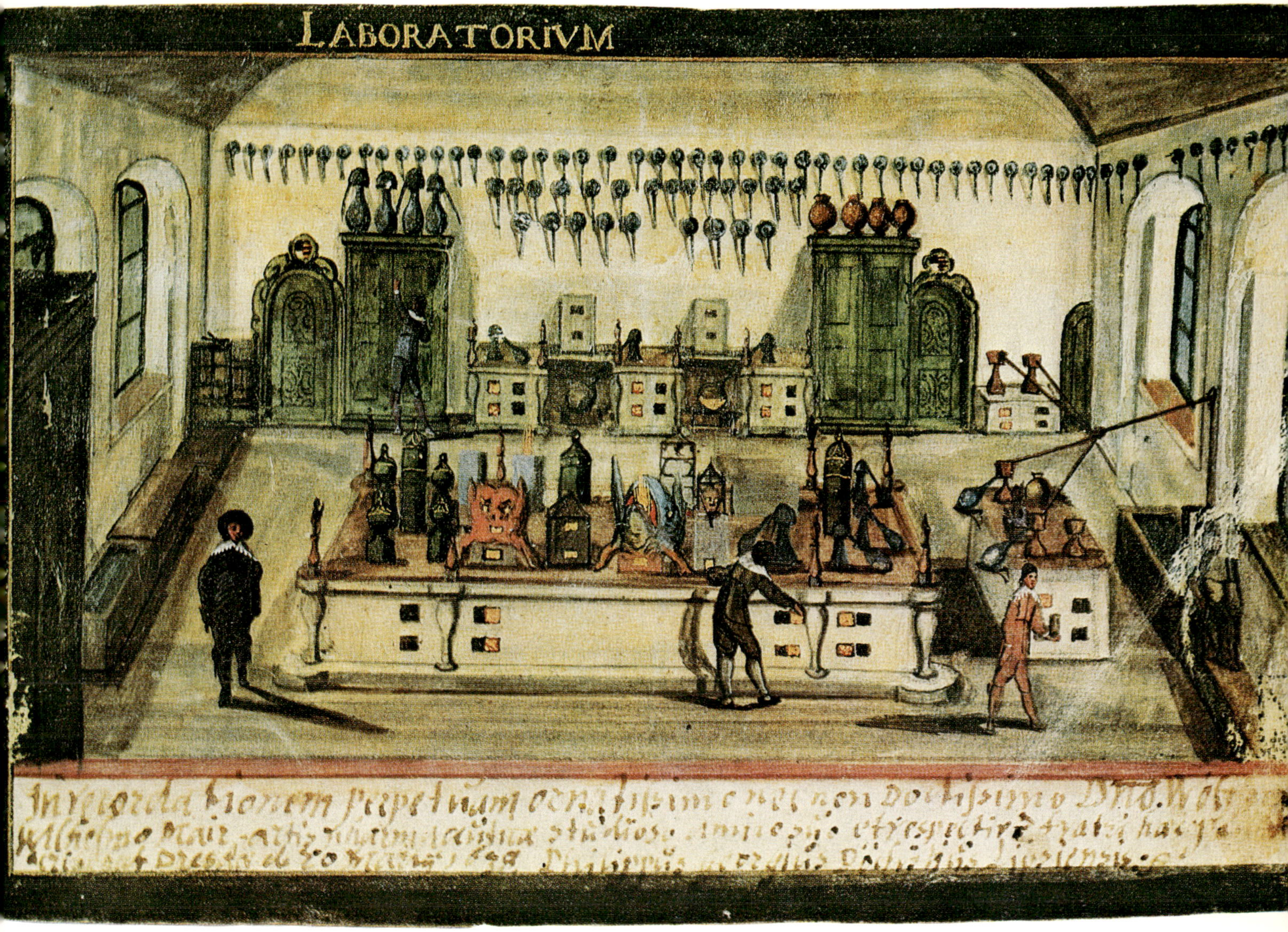

Der Blick, den uns ein Leipziger Student in ein chemisches Laboratorium des Jahres 1638 tun läßt, ist aus mancherlei Gründen interessant. Selbst wenn man nicht alles ernst nimmt, was gezeigt wird, so beweist der Aufbau des Ganzen, daß schon damals die Grundzüge moderner chemischer Laboratorien existierten. Das etwas abgegriffene Blatt dürfte eine der wenigen zeitgenössischen Darstellungen dieser Art sein.

schändliche Liebe könnte ihn sogar zur Giftmischerei treiben. Deshalb soll er, wenn es irgendmöglich ist, verheiratet sein, mit seiner Gattin richtig zusammenleben und Kinder haben, um deren rechtschaffene Erziehung er sich bemühe. Durch solche Pfänder verpflichtet, wird er ausschweifende Begierden verabscheuen, wissentlich dafür keine Mittel verkaufen und in dem Bestreben, auch seiner Nachwelt in gutem Rufe zu erscheinen, weder durch Furcht oder Gefälligkeit, noch durch Bitten oder Bestechung zu irgendeiner Giftmischerei veranlaßt werden. Wenn darum wahre Frömmigkeit, das heißt, Gottesfurcht, Glaube an Christus, Nächstenliebe und die Hoffnung auf das ewige Leben hinzukommen, wird alles sicherer, herrlicher und glücklicher sein. Dann nämlich wird er denken:

Wenn ich etwas durch Nachlässigkeit gegen das Leben oder die Gesundheit des Nächsten gesündigt habe, werde ich dem Gericht Gottes nicht entfliehen; um so weniger werde ich entkommen, wenn ich wissentlich und vorsätzlich gar ein Gift abgegeben, eine Abtreibung vorgenommen oder sonst irgendein anderes Verbrechen begangen habe. Wenn schon die Menschlichkeit derer, welche die Schwachen und Kranken nur zu besuchen pflegen, Christus so sehr angenehm ist, daß er eine solche Wohltat als ihm selbst erwiesen betrachtet, um wieviel angenehmer wird ihm meine Sorgfalt und Gewissenhaftigkeit sein, solange ich mich bemühe, jenen die Arzneien richtig zu bereiten und rechtzeitig herauszugeben, nicht aus zu großer Gewinnsucht, sondern aus Achtung vor den Menschen, damit es ihnen besser geht und sie gesunden.

Wenn er auf dies alles und darüber hinaus noch anderes aus eigenem Antrieb bedacht ist, wird er gebildet, beliebt, leutselig, gütig, eifrig, vor allem aber milde gegen die Armen und zuvorkommend gegen die Einfältigen sein. Er sehe nicht auf deren Possen, sondern auf die Bedürfnisse des Kranken und habe Gott, den Lenker und Richter aller Dinge, vor Augen, der dem rechtmäßig Handelnden weitaus größere und beglückendere Belohnung verleiht, als er sie von irgendeinem Sterblichen erreichen könnte.«

Fast alle auch heute noch gültigen Grundsätze und Merkmale des Berufes sind aufgezeigt. In die Sprache unserer Tage übertragen heißt dies z. B., daß aus der »dextera manus medici — der rechten Hand des Arztes« die moderne Pharmazie geworden ist, zu der die ersten Schritte in den Laboratorien der Apotheken getan wurden. Der Staat wacht — ganz im Sinne von Sylvius — durch das Apotheken- und das Arzneimittelgesetz darüber, daß sich nicht »jeder beliebige ohne Überlegung« mit diesem Beruf beschäftigt. Dem Passus über das Erlernen der lateinischen Sprache, die es dem Kundigen ermöglicht, »an den Früchten der neuen Erkenntnisse« teilzuhaben, entsprechen heute das Studium der Pharmazie und die von den Apothekerkammern veranstalteten Fortbildungskurse. Besonders interessant ist die Stelle, die für den Apotheker ein Vermögen fordert, das ihn nicht in Versuchung fallen lasse, die Patienten zu betrügen. Dieser Gedankengang kehrt im Zusammenhang mit der Frage, welches die richtige Betriebsform für Apotheken sei, immer wieder. — Auch die spätere Zeit hat diese und ähnliche Probleme literarisch zu behandeln versucht. Über die Attribute des Skurrilen, Verschrobenen, Pedantischen hinaus — Eigenschaften, die zum bevorzugten Objekt der Karikatur von Goya bis W. Busch wurden — hat man dem Apotheker in der allgemeinen Vorstellung immer auch die von Sylvius angeführten Charakterwerte zugebilligt. Freilich hat sich im Laufe der Jahrhunderte mit den veränderten Bedingungen des Berufsstandes auch das Bild des Apothekers in der Öffentlichkeit grundlegend gewandelt. Hält man sich jedoch die Entwicklung vom rein handwerklich geschulten »famulus« bis zum modernen, auf der Hochschule ausgebildeten Pharmazeuten vor Augen, so mag es hingehen, mitunter auch heute noch im Apotheker einen Vertreter jener romantischen Idylle zu sehen, die ihm seit frühesten Zeiten den Reiz des »Besonderen« verliehen hat. Der Ton ist nicht immer so von Pathos und Weihe getragen wie bei Sylvius, doch trifft man, besonders im Barock, auf köstliche Zeugnisse einer in gleicher Weise eindrucksvollen Formulierungskraft.

In Augsburg und Leipzig erschien im Jahre 1700 »Bey Lorentz Kroniger und Gottlib Göbels Seel. Erben« ein Buch, das ebenfalls der Frage gewidmet war »Wie ein rechtschaffener Apotecker beschaffen seyn/ was er vor Tugenden an sich nehmen/ und welcherley Laster er fliehen soll.« Das umfangreiche Werk trägt den Titel: »Deß Getreuen Eckarths Ungewissenhafter Apotecker.« Im Zusammenhang mit Apothekern das Attribut »ungewissenhaft« zu lesen, überrascht zunächst, da doch Gewissenhaftigkeit und kleinlich-peinliche Genauigkeit zur Klischeevorstellung vom Apotheker gehören. Die Erklärung liegt in der Person des Autors und ergibt sich aus den Titeln seiner anderen Werke. — Joseph Christoph Ettner von Eittritz, ein Augsburger Arzt und Alchemistenfeind, schrieb unter dem Pseudonym »Der getreue Eckarth« mehrere derartige Werke, in denen er mit sicherem Instinkt gängige Berufsbilder aufs Korn nahm, um sie in spöttisch-gutmütiger Weise zu karikieren. So stammen aus seiner Feder u. a. »Des getreuen Eckarths unwürdiger Doctor (1697), ... der entlarffte Chymicus (1696) und ... der medicinische Maulaffe oder der entlarffte Marckschreyer (1694)«. In dem Apothekerbuch, das er in der damals beliebten Form eines Gesprächs abfaßte, von einer Reisegesellschaft geführt, die in lebhaften Diskussionen die verschiedensten Aspekte und Probleme des Apothekerberufs durchspricht, warf er u. a. die Frage auf »Wie ein Apotheker vor seine eigene Person soll beschaffen sein; welchen Tugenden er nachleben und welche Laster er meiden soll«. Der Katalog seiner Wünsche ist reichhaltig und typisch für den Apotheker jener Zeit: Er solle fromm im Leben, sorgfältig, vorsichtig und verständig in seiner Arbeit sein, fleißig die Rezepte bereiten und sie nicht lange liegen lassen. Bescheiden gegenüber dem Publikum sich erweisen »und nicht mit rauhen Worten die Leute anfahren«. Gewissenhaft in Maß und Taxe, niemanden betrügen, indem er Quittensaft an Stelle von Schokolade oder Krebsaugen anstatt Perlen abgebe. Verschwiegen müsse er sein und »das Maul nicht immer vorher gehen lassen«. Der Apotheker habe niemandem zu offenbaren, warum das ein oder ander verschrieben sei, »davon er ohnedies manchmal soviel als die Kuh vom Lautenschlagen verstehet«. Nüchtern habe er zu bleiben, damit »sich Medicus und Patient nicht am Kopfe kratzen müssen«, wie das Compositum zubereitet sei. Gehorsam und dankbar gegenüber den Ärzten solle er sein und nicht das alles tun, »was ihm sein wüster Kopf sage«. Präsente an die Medici könne er machen, diese aber »von seinen eigenen Kosten und nicht von deren Patienten Schweiß und Blut« nehmen, wie er überhaupt »guttätig« gegenüber den Armen sein möge.

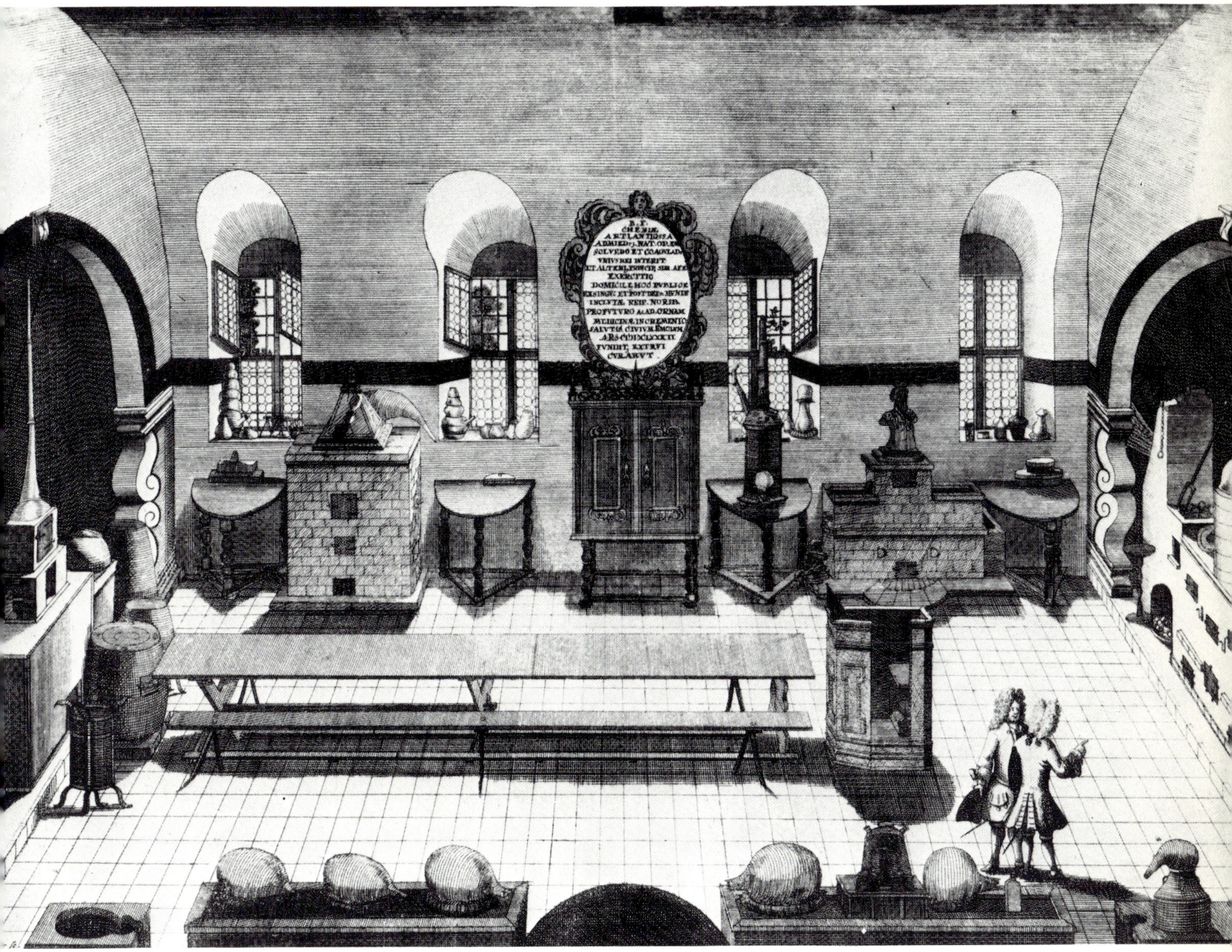

»Das Laboratorium Chimicum im Collegio zu Altdorf« — hier eine Ansicht um das Jahr 1730, von Puscher gestochen — galt als eines der modernsten und besteingerichteten seiner Zeit. Die Ansicht stammt aus den »Annotationes Altdorfiae«, die bei Wolfgang Michaelles ohne Jahresangabe in Nürnberg erschienen sind. — Der Initiator des Chemischen Laboratoriums war der Botaniker Moritz Hofmann. Sein Sohn Johannes nahm es 1682 mit einer Rede »De necessitate et utilitate chemiae — Über Notwendigkeit und Nützlichkeit der Chemie« in Betrieb.

Ein rechtschaffener Pharmacopoeus meide nachfolgende Laster: Den Geiz, weil ihm dieser die erste Staffel des Verderbens sei. Ferner die Hoffart! Er solle sich nicht überheben »und den Kopf gleich einer Gans, die nach dem Wetter schauet, emportragen«. Dann die Verwegenheit, die hauptsächlich im Kurpfuschen bestehe. Solch ein »Nasutulus — Naseweis« habe schon manches getan, was mehr Schaden, denn Nutzen gestiftet habe. Dieser gliche dem, der mit einem Klystier eine Angina kurieren wolle, und man könnte denken, die Apotheker hätten mit dem Fährmann Charon einen Vertrag gemacht, dessen Nachen stets zu füllen. Was ihnen in der Medizin zu tun erlaubt sei, läge doch eindeutig fest. Es stünde in den Briefen Bartholini an Patinus:

»Ich weiß nicht, daß denen Apoteckern fast überall die Haut so sehr jucket, daß sie bei ihrem Amte nicht verbleiben mögen... Da sie bei den Kranken die Unterkehle allein ausspülen sollten [Klystiersetzen], unterstehen sie sich, auch die Oberkehle zu verunreinigen.«

Ein Apotheker meide die Verschwendung; Neid möge ihm unbekannt sein, vor allem der Konkurrenzneid. Wenn an einem Orte zwei Apotheken wären, so sollten diese »brüderliche Freundschaft halten«. —

Die Ansichten über dieses »Apothekerbrevier« waren in der nachfolgenden Diskussion geteilt. Einer meinte, »es hätte ein Apotheker allzuviel in acht zu nehmen, wann er dem Vorgelesenen nachkommen sollte«. Ein anderer glaubte dagegen, daß bei diesen Regeln längst noch nicht mit der Goldwaage gewogen worden sei, und schließlich meinte ein Dritter: »Was hilft sagen und schreiben? Ein jeder tut doch, was ihm gefället, und gedenket mancher durch mehrere Fauten (Verstöße) vorzuweisen, daß er dergleichen Vorträge weniger als nichts achte.«

Hier findet sich fast alles, was man dem Apotheker auch heute noch gerne abverlangt oder ihm vorwirft. Es ist aus der Sicht des Arztes gesehen und offenbart ein soziologisches Problem, das, je mehr die Pharmazie — damit in gewisser Weise auch die Apothekerkunst — wissenschaftlich selbständiger wurde, um so deutlicher zutage trat: das Verhältnis von Arzt und Apotheker. Dieses Problem ist nicht neu, sondern ebenfalls jahrhundertealt, und entstand in dem Augenblick, als die Pharmazie neben der Medizin eigene Gesetzmäßigkeiten zu entwickeln begann. Den Pharmazeuten wurden Aufgabenbereiche eröffnet, die in einer nahezu zweitausendjährigen Geschichte fast ausschließlich in der Hand von Medizinern gelegen hatten. Dieser neue Berufsstand rekrutierte sich zudem aus dem Kreis von Pharmakopolen und Apothekarii, also Arzneikaufleuten und Lagerhaltern, die, wie wir gesehen haben, seit Jahrhunderten nur als »dextera manus — rechte Hand des Arztes« gegolten hatten. Es ist deshalb auch kein Zufall, daß der Rat der Stadt Nürnberg seiner ersten Pharmakopoe als Anhang den Aufsatz von Sylvius beigab. Aus dieser Sicht bekommt der Satz, daß, »wie jetzt die Medizin gehandhabt wird«, dem Ansehen des Arztes durch die Schuld des Apothekers geschadet werden könne, besonderes Gewicht. Fast zur gleichen Zeit werden die ersten Ansätze einer historisch-soziologischen Betrachtung dieses Verhältnisses erkennbar, in der der Apothekerstand eine Aufwertung erfährt. In Marburg z. B. hielt der aus Bergamo stammende Medizinprofessor Guilielmo Gratarolo

1562 zwei akademische Reden, in denen er sich im Zusammenhang mit der Botanik um das geschichtliche Bild der Arzneikunst bemühte. Er meinte u. a., Apollo habe zweitausend Jahre vor Christus die Heilkunde erfunden oder zu erfinden begonnen »aut invenire coepisse« und sei so zum Stammvater der Asklepiaden geworden. Über diese wäre die medizinische Kunst und die Tätigkeit des Heilens auf Hippokrates übergegangen, der sie als erster aufgeschrieben habe. Gratarolo behauptete ferner, daß es erst Galen gelungen sei, die zerstückelte Medizin in ihrer Gesamtheit wiederherzustellen. Besonders auf die unteilbare Ganzheit der Medizin schien es ihm anzukommen. Deshalb bezeichnete er auch die Botanik als einen Teil der Medizin und die Botaniker als Leute, die »olim herbarii iidem atque medici essent — einstmals Kräuterleute, gleichzeitig aber auch Ärzte gewesen seien«. Der Gebrauch des Terminus »herbarius« und seine Gleichsetzung mit »medicus« ist für jene Zeit jedoch bereits ungewöhnlich. Zwar wurde an den Universitäten die Botanik von Medizinern gelehrt und erlernt, der Ausdruck herbarius aber war schon seit langem auf die Pharmakopolen, Pharmakopoeten und Apothekarii übergegangen und hatte dort nicht selten den Rang eines Synonyms für deren Berufsbezeichnung erhalten. Volles Verständnis für das, was Gratarolo wollte, stellt sich aber erst ein, wenn man weiß, daß die Gleichsetzung der herbarii mit den medici aus dem 1529 veröffentlichten Dioskurideskommentar des Arztes Johannes Ruellius stammt, in dem es heißt:

> »... Denn während einst die herbarii und medici Leute in einer Person waren, spaltete sich später dieses Studium. Durch menschliche Trägheit und Sorglosigkeit konnte es geschehen, daß sie [die Botanik — und nun folgt ein offener Angriff auf die Apotheker!] eine Beute von Gauklern, um nicht zu sagen Nichtstuern wurde.«

Die hier erkennbare Tendenz, noch einmal die Ganzheit der Heilkunde zu retten, ist in Wahrheit ein Symptom dafür, daß der im Hohen Mittelalter eingeleitete säkulare Prozeß — er brauchte nämlich drei Jahrhunderte, um sichtbar zu werden! — in Bewegung geraten war, der mit der Absonderung scheinbar subalterner und unwichtiger Aufgaben von den ärztlichen Tätigkeiten begonnen hatte. Denn im 13. und 14. Jahrhundert wurde nicht die »Pharmazie«, die als Oberbegriff für pharmazeutische Wissenschaften und Apothekertätigkeit stehen müßte, von der Medizin getrennt und in Gesetzen verankert, sondern nur der Beruf des stationär arbeitenden Apothekers.

Dieser Tatsache scheint sich die Medizingeschichte langsam bewußt geworden zu sein. Wie einer der

Bildseite 185

Detlev Friedrich Michaelis (1675—1770)

Kaum bekannt ist, daß ein deutscher Apotheker, nämlich der »Pharmacopoeus Universitatis Marpurgensis«, im Leben des großen M. A. Lomonossow dadurch eine Rolle spielte, daß er dem ungestümen Russen, der von 1737—1740 an der Philippina studierte, nicht nur mit Geld aushalf, sondern ihm auch das Laboratorium seiner Apotheke ‚Zum Schwan' zum Experimentieren zur Verfügung stellte. Die enge Verknüpfung von Universitätsapotheke und Alma mater hat des öfteren zu fruchtbaren Symbiosen geführt, von denen die zwischen Lomonossow und Michaelis nur eine besondere Variante ist.

frühen Medizinhistoriker, Andreas Ottomar Goelicke (1671—1744), in seiner 1721 in Frankfurt/Oder erschienenen »Historia medicinae universalis« eindringlich in Erinnerung zurückzurufen suchte, hätten in alter Zeit die Ärzte die Medikamente selbst zubereitet und auch alle chirurgischen Operationen ausgeführt. Dieses sei von den Asklepiaden bis Hippokrates so gewesen. Danach hätten die Diener der Ärzte, er nannte sie wörtlich »ministeri«, mehr und mehr zur Selbständigkeit gedrängt. So sei es gekommen, daß zu des Celsus Zeiten der Chirurg mit den Händen und Instrumenten geheilt habe, während die medikamentöse Behandlung dem pharmacopola überlassen worden sei. Dann heißt es weiter:

»Heute maßen sich die, die früher kaum als Diener für würdig erachtet wurden, die Bereitung und Verteilung der Heilmittel an und drängen sich in die klinische Praxis ein.«

Goelicke beläßt es aber nicht bei dieser Feststellung, sondern forscht nach Gründen und kommt zu dem Ergebnis, daß die Ärzte sich diese bedauerliche Tatsache selbst zuschreiben müßten. Ihr Hochmut gegenüber manueller Tätigkeit und ihre mangelnde Geschicklichkeit hätten diese Entwicklung herbeigeführt. Den Pharmazeuten seiner Zeit aber suchte er nichtsdestoweniger einzureden, daß, da sie ja lediglich als die Diener der Ärzte fungierten, allein diese die wahren Erfinder und rechtmäßigen Vertreter der »ars pharmaceutica — der pharmazeutischen Kunst« seien. Schon Christian Thomasius (1655—1728) war 1697 diesem Anspruch, den man aus den Medizinalparagraphen Friedrichs II. (1241) herleiten wollte, energisch entgegengetreten. Dort hieß es nämlich an einer Stelle, der Arzt müsse vor Beginn seines Studiums drei Jahre Logik gehört haben, woraus man folgerte: Also sei es einem Apotheker aus Mangel an philosophischen Studien unmöglich, auch nur nachträglich Medizin zu studieren. Wie stark derartige Auffassungen zu allen Zeiten waren, zeigt ein Gespräch, das in den dreißiger Jahren des 16. Jahrhunderts von dem bedeutenden italienischen Arzt Antonio Musa Brassavolo (1500—1555) in der »unzulänglichen Einsamkeit der Alpen« geführt wurde.

Man ist zu dreien: Brassavolo selbst, ein alter Pharmacopola und dessen Gehilfe, ein junger Herbarius. Bei Essen und Trinken unterhält man sich in lebhafter Wechselrede über das gemeinsame Steckenpferd, die Pflanzenkunde. Dabei examiniert Brassavolo in süffisant-unauffälliger Form die Vertreter eines, wie er glaubt, ihm unterstellten Berufsstandes. Einigkeit herrscht darüber, daß alle Anstrengungen beider Berufe letztlich der Gesundheit des Menschen gelten. Doch schon die erste präzise Frage des Arztes an die Apotheker zielt darauf ab, diese auf das Subalterne ihrer Tätigkeit hinzuweisen. Brassavolo betont, daß er als Arzt stets nach Einsicht und vorheriger Überlegung handele, während sie, die Apotheker, nach althergebrachter Weise durch die Berge wanderten, um dort ihre Kräuter zu sammeln, wo sie sie gerade fänden. Das Handeln des Arztes, so doziert er stolz, unterliege den Gesetzen der Ratio, der Vernunft, das der Apotheker dagegen denen der Empirie, der Zufallserfahrung. — So kann denn Brassavolo auch nicht einfach in den Schatten gehen, wie es ihm der junge Herbarius wegen der Mittagshitze zwar fürsorglich aber etwas vorlaut rät, sondern muß hierfür die außerordentlich gelehrte Erklärung anfügen, daß die durch die Mittagssonne »ungeheuer wachsende Destillation Kopfschmerzen zu verursachen pflege«. — Systematisch versucht er, die beiden Apotheker gegenüber dem klugen und gelehrten Arzt als dumm, tölpelhaft und habgierig erscheinen zu lassen. Als Brassavolo über die Schlemmerei und ihre Folgen, die »zu mancherlei Krankheiten, ja zu frühem Tode« führen könnten, redet, läßt er den alten Pharmacopola erwidern: »Was geht das uns an, wenn die anderen erkranken? Ich bin Pharmazeut, und Du profitierst vom Heilen«! Worauf er vom Arzt die pharisäische Antwort erhält: »Was an mir ist, so flehe ich zum Höchsten Gott, daß niemals jemand erkranke. Da das aber nicht sein kann, verlange ich, daß genügend Kranke mir gehören, damit ich aus meiner Kunst anständiges Leben und Kleidung habe.« Bezeichnend ist, wie dieses »botanische Gespräch« auf die Nachwelt gewirkt hat. Albrecht von Haller (1708—1777) stellte in seiner »Biblioteca botanica« von 1771 kurz hierzu fest, daß Kräutersammler und Apotheker eigentlich nur Irrtümer vorgebracht hätten, die der Arzt habe berichtigen müssen. —

Wie vielfältig die Bemühungen waren, die sich emanzipierende Pharmazie im Rahmen der Medizin und sogar in der Abhängigkeit von der Person des Arztes zu halten, zeigt auch ein Versuch Daniel Le Clercs (1652—1728). Dieser ging ebenfalls davon aus, daß der Arzt früher die Tätigkeit aller drei Bereiche der Heilkunde wahrgenommen habe. Doch müsse man zwei Sorten von Ärzten unterscheiden: Die einen, die er »medicins architectes« nannte, hätten ihre Kranken nicht selbst behandelt, sondern lediglich Befehle an die anderen, die »medicins manoeuvres«, die unter den Augen der Erstgenannten hätten arbeiten müssen, gegeben. Von diesen seien chirurgische Operationen ebenso wie das Mischen von Medikamenten ausgeführt worden, wie das schon Aristoteles in seiner »Einteilung und Unterordnung in allen Künsten« gefordert habe. Wichtig ist dabei, daß für Le Clerc Chirurgen und Pharmazeuten »des hommes manoeuvres — technische Assistenten« waren. Er sah diese zwar im Rahmen der Gesamtheilkunde und nannte sie nach französischer Gepflogenheit »medicins«, hielt sie aber ihrer Vorbildung und fachlichen Kenntnis nach für zweitrangig und abhängig vom wirklichen Arzte.

Die Praxis des gegenseitigen Gebens und Nehmens in Medizin und Pharmazie begann im wissenschaftlichen Bereich erst im 16. Jahrhundert, nachdem sie sich in einem jahrhundertelangen Ruhestadium befunden hatte. Dazu bedurfte es des geistigen Umbruchs der Renaissance, des Humanismus und des »reformatorischen« Denkens. Als die Forschung aus den deduktiven Denkschemata der Scholastik endlich entlassen worden und zu den induktiven Methoden des Experimentes übergegangen war, fehlten im Bereiche der sich entwickelnden exakten Naturwissenschaften aber diejenigen, die sich der neuen Aufgaben mit einiger Vorbildung hätten annehmen können. Hier ist der Apotheker — damals nicht mehr, aber auch nicht weniger als ein Pharmakopole oder Pharmakopoet — vor allem auf dem Gebiet der Botanik und Chemie eingesprungen und hat sich damit eines der größten und dauerhaftesten Verdienste seiner Geschichte erworben. Ohne zunächst schul- oder studienmäßig vorbereitet gewesen zu sein, hat er die Entwicklung dieser Wissenschaften gefördert und blieb dennoch im Zwielicht einer gesellschaftlichen Position, die — da nicht akademisch untermauert

Chemische Laboratorien verfügten um 1780, als diese Zeichnung entstand, schon über eine Vielzahl gut durchdachter Geräte. Auf Carl Christian Glasbachs Laboratoriumsbild sind die wichtigsten gezeigt: von Öfen mit Aufsätzen und unter Abzügen (beachtenswert das Wandbild eines Schmelzofens), Feinwaagen unter Glas mit hochstellbarer Vorderscheibe, Zerkleinerungsmaschinen, Tiegelzangen, Schöpflöffeln usw.... bis hin zum Barometer an der Fensterwand. — Wenn heute der Reagenzglasständer ein Symbol für chemisches Arbeiten ist, so scheint es damals der Laboratoriumsofen gewesen zu sein.

— ihn auch weiterhin zweitrangig erscheinen ließ. Nur wenige große Geister, zu denen u. a. Goethe gehörte, haben sich die Mühe gemacht, den Apothekerstand einmal nach dieser seiner Leistung zu beurteilen. — Die »Entdeckerepoche« des praktischen Apothekers hat bis zur Mitte des 19. Jahrhunderts und darüber hinaus gedauert; die Entwicklung der modernen pharmazeutischen Wissenschaften, ja selbst die Umstrukturierung des Arzneimittelwesens, hat in den Apotheken begonnen.

Pharmazie an deutschen Hochschulen und Universitäten

Wenn man sich einmal die Frage vorlegt, wie die Pharmazie an die Hochschulen gekommen ist, so schlägt man eines der interessantesten Kapitel dieses Buches auf, das man gut in drei Abschnitte unterteilen kann:

1. Wie war der geschichtliche Weg von der handwerklich betriebenen Apothekerkunst zur wissenschaftlichen Pharmazie?
2. Wie ist es um die inneren, d. h. geistigen, und die sachlichen Voraussetzungen für das Studium der Pharmazie bestellt gewesen?
3. Wie sieht es heute aus?

Immer wieder pflegt man davon zu reden, daß die Pharmazie im Laufe des 13. Jahrhunderts von der Medizin abgetrennt worden sei. Äußerlich mag das zwar stimmen, in Wirklichkeit aber sind Pharmazie und Medizin unlösbar miteinander verbunden. Was wir als Trennung bezeichnen, ist im Grunde eine Spezialisierung innerhalb der Gesamt-Heilkunde. Daß dieser Prozeß im Zeitalter der Hochscholastik vor sich ging, war — wie wir gesehen haben — kein Zufall, sondern das folgerichtige Ergebnis einer Entwicklung, die in Salerno und Toledo begonnen hatte. Denn dort war das verlorengeglaubte natur- und heilkundliche Wissen der Antike und der islamischen Welt im ›teamwork‹ ins Lateinische übersetzt worden. Den so plötzlich und in dieser Fülle angebotenen Stoff aber nach Jahrhunderten naturwissenschaftlicher Stagnation zu begreifen, zu verarbeiten und dem christlichen Weltbild anzupassen, war eine Aufgabe, die nur mit straffen schulischen Methoden gelöst werden konnte.

Das erste Ausbildungsverhältnis in der Pharmazie ist, wie schon bei Dioskurides, das von »magister et discipulus — Meister und Lehrling« gewesen; ein Erziehungsideal, das die Scholastik auch für die Universitäten übernommen hatte. Die Pharmazie blieb zunächst von der akademischen Bildung ausgeschlossen, während die Medizin von jeher eine der drei höheren Fakultäten stellte, in deren Rahmen auch die Arzneikunde, also das Fach gelehrt wurde, das später in abgewandelter und spezialisierter Form zur eigentlichen naturwissenschaftlichen Pharmazie werden sollte. Relativ früh, schon gegen Ende des 15. Jahrhunderts, versuchten vereinzelt Pharmazeuten, an Universitäten zu akademischer Ausbildung und in den Genuß der damit verbundenen Rechte und Würden zu kommen. Es wäre aber falsch, diese Bemühungen allein mit wissenschaftlichem Interesse begründen zu wollen. Oft waren es nur persönlicher Ehrgeiz, soziale Statusprobleme, Fragen des Ansehens und — noch viel einfacher — Nützlichkeitserwägungen, die den Anreiz zum Studium darstellten. Als Akademiker genoß man z. B. die Befreiung von den städtischen Lasten wie »Hut, Wacht und Einquartierung«. Man durfte einen Degen, das Zeichen des Freien und Edlen, tragen, man bekam eine mehrspännige Leichenfuhre und eine von mehreren Priestern zelebrierte Totenmesse; beim Begräbnis erscholl das volle Geläut wie bei einem sogenannten Hochehrbaren. In Eingaben des späten 17. und im 18. Jahrhundert an den Rat der Stadt betonte z. B. das Nürnberger Collegium pharmaceuticum, daß sehr viele nürnbergische Apotheker doch studiert hätten und es daher ein Ende haben müsse, diese mit den einfachen Handwerksleuten in der »gemeinen Stube« ihren jährlichen Berufseid schwören zu lassen.

Doch von diesen Dingen abgesehen, war die Entwicklung in Wirklichkeit schon sehr viel weiter fortgeschritten, und die pharmazeutischen Wissenschaften hatten vereinzelt einen Platz an den Universitäten gefunden. 1609 berief Landgraf Moritz von Hessen-Kassel (1592—1627) seinen Leibarzt, den Marburger Mathematikprofessor Johannes Hartmann (geb. 1568 in Amberg/Oberpfalz; gest. 1631 in Kassel) auf einen bislang an den Universitäten unbekannten Lehrstuhl für Chymiatrie. Dieser ist zwar als erster »Lehrstuhl für Chemie« in die Geschichte eingegangen, aber es wäre korrekter, ihn als Lehrstuhl für pharmazeutische Chemie zu bezeichnen. Den wissenschaftlichen Werdegang Hartmanns zu verfolgen, ist aus dem Grunde besonders reizvoll, weil er für manches ähnliche Schicksal stehen kann. Rein äußerlich haben wir das bekannte Bild einer Karriere vor uns, die von einer gering dotierten »artistischen Dozentur« über den medizinischen Doktortitel in eine fürstliche Leibarztstellung einmündete. Doch zeigt sich gerade bei Hartmann, daß hier mehr als nur eine persönliche Entwicklung zum Abschluß gekommen war: Die seit Paracelsus immer intensiver werdende Beobachtung der verborgenen Natur im Experiment, die in der alchemistischen Vorstellung von der Umwandelbarkeit der Elemente ihren unwägbaren Ursprung hatte, war von dem aus Wetter bei Marburg stammenden Oswald Croll (ca. 1560—1609) aufgewertet und zu einer eigenen Disziplin erhoben worden. Zwar stellten die chemischen Phänomene selbst noch nicht das vorherrschende und bewegende Element dieser Entwicklung dar. Ähnlich wie in der Botanik ging es zunächst in erster Linie darum, die Stoffe der Natur in ihren pharmakologischen Eigenschaften zu erforschen und sie dem Menschen dienstbar zu machen. Ihre Zubereitung, systematische Prüfung und Standardisierung, d. h. die allgemeinen pharmazeutischen Probleme, lehrmäßig zu erfassen, mußte daher der nächste

G. Locher zeichnete um 1774 das Bild einer »Ländlichen Apotheke«, das Bartholomäus Hübner 1775 in Baden stach. Im Gegensatz zu den deutschen Aufschriften auf Tafeln und Büchsen wird in der Bildbeschreibung auf französisch versichert, daß man »exakt das Innere des Zimmers von Michael Schuppach wiedergebe, der unter dem Namen ›Médecin de la Montagne‹ bekannt sei«. Locher zeigt ihn während einer Konsultation bei der Urinschau. — Bei genauerem Hinsehen erkennt man unschwer, daß der Künstler sich in Wirklichkeit über »Bauernapotheke«, Heilkünstler und vor allem ihre vornehmen Besucher mokieren wollte.

Schritt sein. Um diesen aber machen zu können, bedurfte es der Institutionalisierung des »neuen Faches«, was mit der Berufung Hartmanns auf den Lehrstuhl für Chymiatrie 1609 geschah. Dies hat auch sein Freund, der hessische Topo- und Biograph Wilhelm Dilich, erkannt und mit Recht lobend hervorgehoben, als er schrieb:

> »Er [Hartmann] begann dann als erster, die bisher kaum dem Namen nach bekannte Chymiatrie in einer neuen Art zu lehren, wodurch aus allen Ländern hier viele Studenten zusammenströmten. Um so mehr wird bei späteren Generationen der Ruhm dieses Mannes gelten, je mehr Ordnung (Oekonomia) von ihm und seinen Schülern durch feinere, korrektere Bearbeitung der Arzneien in die Medizin gebracht und diese dadurch bereichert und vervollständigt wird.«

Der Ruhm Hartmanns verbreitete sich in der Tat rasch. Bereits im Jahre 1610 wandten sich Bürgermeister und Rat der Stadt Bremen an den Landgrafen Moritz und baten, Hartmann freizugeben: Er schiene der geeignete Medicus und Lehrer für ihre Stadt und das Gymnasium zu sein. Doch Hartmann lehnte dieses wie auch spätere Angebote, Marburg bzw. Kassel zu verlassen, ab.

Schon am 11. September 1609 konnte er seinen ersten Schüler, den aus Basel stammenden Johann Jacob Gugger, mit einer chymiatrischen Arbeit zum Doktor der Medizin promovieren. 1613 folgten zwei Schlesier: Matthäus Vechner aus Frauenstadt und Elias Leschius aus Gorau; ferner die beiden Brüder Georg und Johannes Molther aus Grünberg in Hessen, Thomas Hoffmann aus Glogau und Johannes Keilius aus Preßburg. 1614 wurde er von allen Fakultäten zum zweiten Male einstimmig zum Rektor gewählt. 1616 promovierte er Melchior Gramann aus Erfurt und Johann Reuter zu Doktoren »artis suae, medicinae chymiatricae — seiner Kunst, der chymiatrischen Medizin«. Über Art und Inhalt des Hartmannschen Unterrichts sowie seiner Praktika sind wir durch ein Labortagebuch aus dem Jahre 1615 gut informiert. Es ist augenscheinlich von ihm selbst verfaßt, wenn auch das erhaltene Exemplar eine Abschrift darstellt. Neben allgemeinen christlichen Ermahnungen enthält es eine Art Institutsordnung und einen regelrechten Vertrag. In ihm verpflichteten sich die Adepten, die erworbenen Kenntnisse keinem Unbefugten weiterzugeben. Da Hartmann vom Staat für Unterhaltung und Ausstattung seines Laboratoriums keine größeren Mittel zur Verfügung gestellt bekam und er, wie er einmal sagte, sehr viel aus eigener Tasche beisteuern mußte, wurde die Honorarfrage ebenfalls vertraglich geregelt. Jeder der Studenten verpflichtete sich, »nach Vermögen« zu geben. Der Vertrag bestimmte aber auch in einem Passus, daß sie sich während der Vorlesung gesittet betragen, »... jeglichen Brummens, Lärmens, Geschreies, Schlafens, Fluchens, ferner der Saufereien, Quälereien, Raufereien, Gaunereien, Sticheleien, Rivalitäten, der Anmaßung, des Bramarbasierens und der Prahlerei enthalten« sollten.

Die Praktikanten des Jahres 1615 waren von weit her, u. a. aus Dänemark, Preußen, Polen, Schlesien und Berlin durch Hartmanns Ruf und das neue Fach angelockt worden. Gegenstand von Unterricht und Praktikum war in diesem Semester die Zubereitung von Opium, Laudanum opiatum (einer Opium-Komposition) und Englischem Trinkgold. Neben recht soliden Themen also auch das magische

»aurum potabile«, die Krone alchemistischer Pharmazie! — Hartmann hat sehr wenig geschrieben. Diese Tatsache ist schon seinen Zeitgenossen aufgefallen, was der Grund dafür sein mag, daß Dilich sich gedrängt fühlte, das Verhalten seines Freundes zu erklären:

> »Das in diesem Jahrhundert übliche Schreiben von Minderwertigem (wodurch sich wenigstens die meisten anderen bloßstellen, indem sie in Wort und Schrift heimlich stehlen oder Arbeiten schlecht nachahmen) meidet er so sehr, daß er diesem nicht zustimmen und nacheifern will, daß er, um den Anschein dieses Handelns zu vermeiden, lieber eigene Arbeiten nicht herausgibt und das fertige Systema chymiatricum — die vollendete Methode der wahren Medizin — zu seiner Zeit mitteilen wird.«

Diese »Praxis chymiatrica« gab erst nach seinem Tode sein Sohn Georg Everhardt heraus. — Gleich nach seiner Berufung zum »Chymiatriae Professor publicus« hatte Hartmann begonnen, das erste chemische Laboratorium der Marburger Universität zu bauen. Über den Ort, wo es gestanden hat, herrscht auch heute noch keine absolute Klarheit. Daß dieser mit dem Platz identisch ist, an dem 1685 ein neues »laboratorium chymicum publicum« errichtet wurde, ist zwar denkbar, aber nicht bewiesen. —

Das berühmteste Universitätslaboratorium der damaligen Zeit dürfte das der nürnbergischen Universität Altdorf gewesen sein, das 1682 mit einer Rede »De necessitate et utilitate chemiae — über die Notwendigkeit und Nützlichkeit der Chemie« von Joh. Hofmann eingeweiht worden war. Noch 1714 stellte es den Stolz der Universität dar:

> »Dieses Laboratorium hat wohl auf keiner Universität in Teutschland seinesgleichen an Weite, Zierlichkeit und Kostbarkeit. Es ist 36 Schuh lang, 15 breit und 14 hoch, mit einem dauerhaften Gewölbe geschlossen und hat nicht nur zwei stattliche Kamine, sondern auch in und neben denselben mancherlei zu chemischen Arbeiten dienende Oefen, als da sind: sog. piger Hermicus oder faule Heintze, 1 hoher Windofen mit einem langen Rohr, 1 Schmelz- und Reverberirofen, 1 Probirofen, 2 furnilanpadis philosophicae, unterschiedliche Destillieröfen mit Sand- und Aschenkapellen und mit dem balneo Mariae und vaporis, zugleich mit kupfernen Blasen und deren refrigerio circa alembicum etc.; ziemliche Menge von allerlei Gläsern, metallenen und irdenen Gefäßen und anderen Instrumenten.«

Das zweite Marburger Laboratorium dagegen hat, nachdem »das vorige von den Einwohnern zu einem Wasch- und Brauhaus gemacht worden« war, nur späten Ruhm erlangt. In ihm dürfte während der Jahre 1737 bis 1740 Michail Wassiljewitsch Lomonossow seine praktische Ausbildung in Chemie genossen haben, als er bei Christian Wolff studierte. Jedenfalls war der geniale Russe, nach dem die heutige Moskauer Universität benannt ist, nicht mit den Verhältnissen zufrieden, die er dort antraf. Das geht aus einem Brief hervor, den er im Dezember 1740 an den Marburger Universitätsapotheker Detlev Friedrich Michaelis (1675—1770) schrieb und der erst vor wenigen Jahren entdeckt wurde. Es heißt dort:

Stammbuchblatt des Tübinger Pharmaziestudenten Friedrich Christoph Reinöhl, der am 9. März 1692 als Sohn des Apothekers Johann Christoph Reinöhl in Stuttgart geboren wurde. Wie soll man den Amor auf diesem Bilde deuten, der keinen Pfeil abschickt, sondern statt dessen einen Glaskolben in Händen hält? Wenn man einmal alle näherliegenden Deutungen beiseite läßt, so kann ein Satz Antwort geben, der aus einer Antrittsvorlesung des Jahres 1786 stammt:
»In meines Vaters Apotheke wurde ich von einer so unglaublichen Liebe zu den Naturwissenschaften erfaßt, daß ich sie stets gerne betrieb und mich ihnen von da ab ganz und zu jeder Zeit hingab.«

»Hoch-edelgebohrner Herr,

Hoch-gelarter Herr Doctor!

Dero mir vormahls erwiesene Güthe persuadieren mich die Freyheit zu nehmen dieselbige zu ersuchen, daß Ew. Hochedelgebohren mir in dero Laboratorio einige Prozesse, die mir zweifelhaftig zu seyn scheinen, zu untersuchen erlauben. Denn ich traue mehr keinem Laboranten, insonderheit denen, die zu viel prahlen; welches ich mit meinem eigenen Schaden gelernet. Der Herr Doctor Conradi hat mahl mir und meinen Landsleuten versprochen, das Collegium Chymicum über den Stahl zu lesen, da er doch keinen Paragraphen recht auszulegen nicht im Stand war und verstund die lateinische Sprache nicht recht. Deßwegen haben wir ihm aufgesagt. Der Bergrath Henkel, deßen Prahlen u. höhnische Nase-Weißheit der gelehrten Welt bekannt ist, hat nicht viel beßer ausgerichtet und nur fast mit lehrem Geschwätze mich der Zeit beraubet. — Ich bin des Vertrauens, dieselben werden mein gehorsamst Ersuchen nicht verwerfen; ich bin dero gehorsamster Diener

Marburg, M. Lomonossoff

den 4. Decembris 1740.«

Zum Verständnis dieses Briefes ein Blick auf die Situation, in der sich Lomonossow im Dezember 1740 befand! Im Sommer 1736 waren drei junge russische Studenten, Gustav Ulrich Raiser, Sohn eines Rats des Bergkollegiums, in Moskau geboren, 17 Jahre alt, Dimitri Winogradow, Sohn eines Popen aus Susdal und Michailo Lomonossow, Bauernsohn aus dem Archangelsker Gouvernement, Dwinakreis, Amtsbezirk Kurostrow, 22 Jahre alt, zur Vervollständigung ihrer Studien nach Deutschland geschickt worden. Dort sollten sie vor allem an der Universität Marburg bei J. Christian Wolff neben chemischen Wissenschaften und Bergbau die gesamten Naturwissenschaften erlernen. Am 17. November 1736 wurden sie in die Matrikel der Philippina eingetragen. Neben ihren Sprachstudien nahmen sie zunächst bei dem damaligen Stadtphysikus, Dr. J. Ludwig Conradi, am Unterricht in praktischer und theoretischer Chemie teil. Aber schon drei Wochen später sagten sie Conradi wieder ab. Auf diesen Vorfall bezieht sich Lomonossows Bemerkung, daß dieser »mahl« ihm und seinen Landsleuten versprochen habe, das Kolleg über »den Stahl« zu lesen (Gemeint ist Georg Ernst Stahl, einer der Begründer der Phlogistontheorie, mit deren Hilfe man vor der Entdeckung des Sauerstoffs das Phänomen der Oxydation zu erklären suchte.). Das Urteil, Conradi habe keinen Paragraphen recht auszulegen gewußt und die lateinische Sprache schlecht beherrscht, findet sich fast wörtlich auch im ersten Bericht, den der junge Lomonossow im Sommer 1737 nach Petersburg sandte:

»Als rapportiren wir hiemit unterthänigst, daß, nach dem wir hier in Marburg den 15ten Nov. n. St. 1736 angekommen, wir sogleich bey einem hiesigen Doctore Medicinae Conradi ein Collegium Chymiae theoretico-practicum für 120 Thaler bedungen, worinn er uns Stahlii Fundamenta Chymiae lateinisch erklären, und die darin vorkommende Experimenta in Praxin bringen sollte. Weil er aber praestanda weder praestirte, noch praestiren konnte, so haben wir daßselbige Collegium mit Gutbefinden des Herrn Regierungs-Raths Wolffs nach 2 Wochen aufgegeben, und sind im Januario dieses 1737ten Jahres in ein Collegium Chymiae publicum, welches der hiesige Professor Duysing über Teichmeyers Institutiones Chymiae hält und noch fortfähret, gegangen. Über die Mechanic ließt der H. Regierungs-Rath selbsten in seinem Cursu mathematico und wird auch die Hydraulic und Hydrostatic immediate drauf erklären.«

Die Bemerkungen Lomonossows im ersten Brief über den Freiberger Bergrat Henckel sind ebenfalls aus seinen Erfahrungen und Erlebnissen gut zu verstehen. Lomonossow war am 20. Juli 1739 nach Freiberg gezogen, um für zwei Jahre an der Sächsischen Bergakademie zu studieren. Ende 1739 geriet er mit seinem dortigen Lehrer, J. F. Henckel, in einen heftigen Streit, weil er sich falsch und ungerecht behandelt fühlte. Im Verlaufe eines Wortwechsels machte er beleidigende Äußerungen, für die er sich in einem im Dezember 1739 geschriebenen Brief entschuldigte, wobei er fragte, ob es nicht möglich sei, das alte Vertrauensverhältnis wiederherzustellen. Augenscheinlich hat Henckel abgelehnt. Die weiterhin gespannte Beziehung löste sich im Laufe des Jahres 1740 in einem heftigen Auftritt, worauf Lomonossow voller Zorn Freiberg verließ. Über Leipzig und Kassel gelangte er wieder nach Marburg, wo er sich am 6. Juni 1740 mit Elisabeth Christine Zilch, der ältesten Tochter des Marburger Stadtrates und Kirchenältesten Heinrich Zilch, vermählte. Anschließend versuchte er über Holland nach Rußland zu reisen. Doch da ihm selbst der russische Konsul in Den Haag, Graf Golowkin, keine Unterstützung gewährte, sah er sich gezwungen, nach Deutschland zurückzukehren, und fiel dabei vorübergehend in Wesel preußischen Werbern in die Hände. Nur durch die Flucht entging er dem Schicksal, friederizianischer Grenadier zu werden. Wieder in Marburg, schrieb er an J. D. Schumacher, den Kanzleileiter der Petersburger Akademie der Wissenschaften, einen ausführlichen Brief, in dem er sein Schicksal in bewegten Worten schilderte und die Gründe seines Handelns auseinanderlegte. In ihm äußerte er sich in der gleichen Weise wie zu Michaelis über Henckels »höhnische Nase-Weißheit« und darüber, daß dieser ihm die Zeit mit »lehrem Geschwätze« geraubt habe. Henckel habe allein vier Monate für die »doctrina de salibus — Lehre von den Salzen« benötigt, die man gewöhnlich in einem Monat abzuhandeln pflege, und mißglückte Experimente mit »jocis frigidis — müden Späßen« begleitet.

Der an Michaelis herangetragene Wunsch, sich im Laboratorium der Marburger Universitätsapotheke chemischen Studien widmen zu können, hatte eine späte Parallele in Petersburg. Dort bemühte sich Lomonossow im Herbst 1742, unmittelbar nachdem er zum Adjunkten der Akademie ernannt worden war, immer wieder, ein eigenes Laboratorium für seine chemischen Arbeiten zu bekommen. »Wenn ich die Möglichkeit hätte ... auf meine Kosten ein Laboratorium zu unterhalten und chemische Prozesse durchzuführen, dann würde ich mich nicht unterfangen, deswegen die Akademie der Wissenschaften zu belästigen ...«.

Das heutige Rußland feiert Lomonossow als einen der bedeutendsten Gelehrten seiner Geschichte. Sicherlich spiegelt der Brief an den Apotheker D. F. Michaelis nur eine kleine Episode wider, ist jedoch für die Stellung der Apothekenlaboratorien der damaligen Zeit symptomatisch.

Im 18. Jahrhundert wandelte sich nämlich das Bild, als die Apotheker begannen, sich der wissenschaftlichen Ausbildung ihres Nachwuchses in eigenen privaten Instituten anzunehmen. So unterhielten Joh. Barth. Trommsdorff in Erfurt und Joh. Chr. Wiegleb in Langensalza Pharmazieschulen, in denen sie junge Pharmazeuten »kursieren« ließen. Der Ausdruck »kursierte Apotheker« wurde in das Vokabular der Behörden übernommen, die diesen im Gegensatz zu den »unkursierten« die Führung von Apotheken größerer Städte anvertrauten. Hieraus entwickelte sich im 19. Jahrhundert die Aufteilung des Apothekerstandes in eine 1. und 2. Klasse, die 1854 wieder abgeschafft wurde. Bayern führte als erstes deutsches Land 1808 nach der dreijährigen Lehrzeit ein zweijähriges Studium als Vorbedingung für die Berufsausübung als Apotheker ein, woran sich zwei »Servierjahre« anschlossen; insgesamt also eine siebenjährige Ausbildung. Aber auch schon früher hatte es akademische Prüfungen gegeben. 1727 war z. B. für Hessen-Darmstadt bestimmt worden, daß sich ein Apotheker nur dann niederlassen dürfe, wenn er »bei dem Decano und anderen Doctoribus der Medizinischen Fakultät in Gießen examiniert und qualifiziert befunden worden sei«. 1767 war diese Vorschrift auch auf die Universitäten Rinteln und Marburg ausgedehnt worden. 1737 hatte die soeben begründete Universität Göttingen »res pharmaceuticae« als eine der ersten deutschen Universitäten in ihren Lehrplan aufgenommen. Seit 1798 gab es in Preußen Examensvorschriften für Apotheker. Die Prüfung bestand darin, zwei Aufgaben aus der Materia medica zu lösen, ein Präparat »ex tempore« zuzubereiten und ein mündliches Examen in Botanik und Chemie in der Hofapotheke zu Berlin abzulegen.

Kurz vor der Jahrhundertwende erschienen auch die ersten Vorläufer pharmazeutischer Fachzeitschriften in Deutschland. Fast gleichzeitig mit dem ältesten und berühmtesten Periodikum dieser Epoche, dem »Journal der Pharmacie für Ärzte und Apotheker«, das Johannes Bartholomäus Trommsdorff herausgab (Leipzig 1793), wurde ein »Berlinisches Jahrbuch für die Pharmacie und für die damit verbundenen Wissenschaften« (1794) gegründet. Im Jahre 1798 erschien hierin ein Aufsatz von G. R. Frank aus Gnesen, betitelt »Rückblick in die Vergangenheit am Schlusse unseres Jahrhunderts«. Er begann mit den zukunftsfrohen Worten:

> »Es ist ein überaus herzerhebender Genuß für den Weltbürger, wenn er im stillen Anschauen der Phänomene der Zeit überall, wo er sein Auge hinwendet, den tätigen und kühnen Emporschwung der Menschheit wahrnimmt. Ein edler Stolz, ein rühmlicher Wetteifer scheint alle zu beseelen, um nicht dem grüßenden Genius des nahenden Säkulums mit Schamröte entgegengehen zu müssen.«

Nachdrücklich und ausführlich weist Frank darauf hin, daß erst das 18. Jahrhundert durch Erweiterung der chemischen und physikalischen Kenntnisse ein Aufblühen der Pharmazie gebracht habe. Stolz nennt er die Namen der Pharmazeuten, die an den neuen Entdeckungen maßgeblich beteiligt waren. Endlich seien alte, umständliche Methoden im Apothekenlabor durch rationellere ersetzt worden: »Die Prozeduren des Schlendrians wichen der rationellen Methode. Die Pharmazeuten gingen nun wissenschaftlich zu Werke.« Auch die Ausbildung sei einem wissenschaftlichen Studium nähergerückt. Dennoch befänden sich viele »flache und unwissenschaftliche Menschen« im Dienste der Pharmazie. Hierzu trüge vor allem »ein noch existierender, unsere Zeiten herabwürdigender Handwerkszwang bei, in dessen schweren Fesseln die Pharmazie seufzt.«

Die Frage nach Ausbildungsstand und Studienform in der Pharmazie wurde bereits früher (1796) in einem Artikel des »Berlinischen Jahrbuchs« gestellt. Ein Anonymus griff durch eine »Rüge einiger lächerlicher Gebräuche« in sarkastischer Weise die bestehenden Verhältnisse an und forderte von allen Einsichtigen radikale Abänderungen. Dabei zeichnete er ein krasses, aber äußerst einprägsames Bild von der Ausbildung der »Lehrjungen« und Behandlung der »Gesellen«, wie sie um die Mitte des Jahrhunderts in den Apotheken gang und gäbe waren:

> »Kam ein junger Mensch zur Erlernung des Fachs, so wurde er förmlich und feierlich als Lehrjunge installiert und auch überall so gebraucht ... wie des Nachbar Schusters und Leinewebers Junge. Er mußte dem Herrn Prinzipal die Stiefel putzen, und der Frau Patronin die Feuerstube nach der Kirche tragen; mitunter die Dienste eines Kindermädchens verrichten und den Acker bestellen helfen, auch wohl zur Abwechslung die Schweine füttern und die Straße kehren. Unter solchen sehr zweckmäßigen und instruktiven Beschäftigungen reifte nun der junge Zögling dem Gesellenstande entgegen ... Damit es ihm aber auch nicht an sittlicher Ausbildung fehlen möge, so wies man ihm seinen Platz beim Essen am Gesindetisch zwischen dem Knecht und der Viehmagd an, wo er natürlich sehr gute Fortschritte in der feinen Lebensart machen konnte. Man war auch so gewissenhaft, für das Seelenheil ... des Lehrlings gehörige Sorge zu tragen, dadurch, daß man ihm ... den Segen, ... das Evangelium und die Epistel laut vorlesen ließ, wobei der Herr Prinzipal mit dem Ochsenziemer präsidierte ... War nun die Lehrzeit zu Ende, so sprach man den Jungen los, gab ihm Stock und Degen, machte ihn zum Gesellen und nannte ihn zum Unterschied Er und Musje, um doch stets einen billigen Unterschied zwischen Prinzipal und Gesellen zu erhalten. Konnte er als solcher nur einen Extrakt kochen, eine Blase anbringen, eine Salbe zusammenmischen und Pillen drehen, so konnte er überall fortkommen. Nach Kenntnissen wurde nicht gefragt, sondern nur auf einen derben Arbeiter gesehen; doch war es ein wesentliches Erfordernis, eine Perücke und eine Schürze zu tragen, weil ohne diese Zierate kein vollständiger Apotheker denkbar war. Mit diesen Qualitäten und Attributen versehen und ausgestattet, servierte nun der Musje so lange, bis auch er zur Regierung kam, wo er sich alsdann zur heiligsten ... Pflicht machte, von den wohlhergebrachten Gebräuchen um kein Haar breit abzuweichen, sondern die Sitte der Väter in allem zu ehren.«

So interessant diese Schilderung der damaligen Zustände auch ist, sie hätte keine Beziehung zum hier behandelten Thema, wenn nicht der Autor wesentliche Schlußfolgerungen daran geknüpft hätte. »F.«, der Anonymus, drückte seine Überzeugung aus, daß die oben geschilderten Praktiken bis zur Mitte des 18. Jahrhunderts ihre volle Berechtigung gehabt hätten. Bis zu diesem Zeitpunkt sei die Ausbildung in der Apothekerkunst eine rein handwerkliche gewesen. Wissenschaftliche Kenntnisse hätten noch nicht existiert, also auch nicht gelehrt werden können. Nach seiner Meinung sei von allen wissenschaftlichen, besonders chemischen Errungenschaften des ausgehenden 17. und beginnenden 18. Jahrhunderts nichts in die Apotheken gedrungen. Erst im letzten Drittel des 18. Jahrhunderts sei die Pharmazie — nach der Vorstellung des Autors also fast übergangslos — von Grund auf verändert und zur Wissenschaft geworden. Die altüberlieferten Zunftgebräuche hätten nun in keiner Weise mehr zu dieser neuen Wissenschaftlichkeit gepaßt und nur das übertriebene Traditionsbewußtsein vieler Standesgenossen habe die endgültige Abkehr von solch überholten Formen erschwert.

Allmählich aber waren in der Verbindung Pharmazie und Chemie Lehrstühle an den Universitäten entstanden, die sich hier und da aus universitätseigenen Apotheken entwickelt hatten. Die Professoren, die aus dem Apothekerstand kamen, besetzten denn auch bevorzugt die Ordinariate in Botanik und Chemie. Aber die Eigengewichtigkeit dieser Fächer überwog. Das chemische Phänomen an sich war auf die Dauer nämlich interessanter als die Frage, ob man auf Grund elementarer Gesetzmäßigkeiten neue Arzneimittel machen könne. Dennoch wurde der Zustrom von Pharmazeuten an die Universitäten immer stärker. Die Direktoren der Chemischen Institute räumten langsam, oft widerstrebend den jungen Apothekern zunehmend mehr Laborplätze ein und sorgten schließlich dafür, daß sie eigene Institute bekamen. — Eine Rundfrage nach den Verhältnissen in der deutschen Hochschulpharmazie, die der Rektor der Marburger Universität 1866 bei seinen Kollegen durchführte, erbrachte ein geradezu verblüffendes Resultat: In Jena war das Pharmazeutische Institut »eine von der Regierung gar nicht subventionierte Privatanstalt, die aber mit der Universität in Verbindung« stand. — In Greifswald existierte das Institut seit drei Semestern (also seit Sommersemester 1865) und wurde im 1. Semester von zwei, im 2. von acht und im 3. von zehn Pharmazeuten besucht, die aber nach Preußischem Hochschulrecht nicht immatrikuliert werden durften, weil sie kein Abitur hatten. — Halle teilte die Zahl von dreißig Studenten mit, die sich zum größten Teil aus »den zum Zweck der Staatsprüfung kommenden Apothekern« zusammensetzte. — In Heidelberg war die »Zahl der Praktikanten nicht übermäßig groß«. — In Tübingen studierten zehn bis fünfzehn Pharmazeuten. — In Rostock gab es kein eigenes Institut. Die Pharmazeuten, vier bis fünf an der Zahl, »arbeiten alles, was in ihr Fach einschlägt, während eines 1—1½jährigen Cursus durch«. — In Königsberg, der Heimat des Kantfreundes, Apothekers und Chemikers Karl Gottfried Hagen, gab es ebenfalls kein eigenes Pharmazeutisches Institut. Dort durften »die Pharmaceuten bei der Universität nicht immatrikuliert werden, wegen mangelnder wissenschaftlicher Reife« und wurden deshalb in einem Sonderkurs betreut. — In Gießen genossen »die Pharmaceuten, welche hier studieren, den Unterricht, der an dem Chemischen Institut erteilt« wurde. — Erlangen besaß schon ein eigenes »Pharmaceutisch-pharmakologisches Institut«. — Obwohl in Würzburg bis zu dreißig Kandidaten der Pharmazie pro Semester zum Examen drängten, war das Pharmazeutische Institut wieder mit dem Chemischen vereinigt worden. — In Freiburg gab es ebenfalls kein Institut »unter diesem Titel«. — Breslau dagegen konnte die stattliche Zahl von sechzig bis siebzig Praktikanten »aus allen Teilen der Monarchie und dem nahen Ausland« melden. Aber selbst dort durften die Pharmazeuten nicht immatrikuliert sein. — Leipzig hinwiederum hatte kein eigenes Institut, doch wurde von den zwei vorhandenen Laboratorien eines »vorzugsweise, keineswegs jedoch ausschließlich von Pharmaceuten benutzt«. — Bonn teilte zwar mit, daß es »ein eigenes, von dem chemischen Laboratorium unabhängiges Institut« besitze, in welchem täglich aber nur drei bis vier Stunden gearbeitet werden könne. »Pharmaceuten studieren im Durchschnitt drei Semester nach drei Gesellenjahren.« — Lediglich München und Erlangen verfügten neben Breslau und Marburg über Pharmazeutische Institute im heutigen Sinne. Noch 1858 bzw. 1861 hatte die Preußische Regierung durch Runderlaß die Zulassung von Apothekerlehrlingen und Gehülfen zum Besuch von Vorlesungen und Übungen verboten, »weil die Ausbildung der Pharmazeuten während der Lehr- und Servierjahre eine vorzugsweise praktische und propädeutische« ist. Man befürchtete »eine Überhebung« der auf diese Weise doch nur »halbgebildeten« jungen Leute. Das also war die Situation vor 100 Jahren.

Dann aber änderte sich alles recht schnell. 1869 wurde für jeden, der Apotheker werden wollte, die Obersekundareife obligatorisch. Das sog. Einjährige war jedoch kein Beweis für die Wissenschaftlichkeit der Pharmazie, sondern lediglich die Qualifikation für den einjährig-freiwilligen Militärdienst. Für Nichtabiturienten dauerte die Lehrzeit nach wie vor drei Jahre, für Abiturienten war sie um ein halbes Jahr verkürzt. Als 1875 die zweijährige Lehre für Abiturienten im Reichsgebiet eingeführt wurde und man 1898 auch Frauen zum Pharmaziestudium zuließ (gleichzeitig in Medizin und Zahnmedizin), waren die Weichen für eine neue Prüfungsordnung gestellt, die 1904 das Studium von drei auf vier Semester erhöhte. Erst ab 1. Januar 1921 wurde das Abitur allgemeine Vorbedingung für den Apothekerberuf. Die heutige Prüfungsordnung trat am 1. April 1935 in Kraft. Sie brachte das sechssemestrige Studium.

In den Jahren 1936—1938 wurde eine Reihe pharmazeutischer Hochschulinstitute geschlossen, so in Bonn, Göttingen, Heidelberg, Gießen, Darmstadt u. a. m. Nach dem Kriege erfolgten zwar an den meisten Universitäten deren Wiedereröffnung und Ausbau, doch ist z. B. auch heute in Heidelberg und Göttingen ein Pharmaziestudium noch nicht wieder möglich. Ebenfalls besteht z. Zt. für keine der neugegründeten Universitäten ein Plan zur Errichtung pharmazeutischer Institute.

Das Problem des Geldverdienens gibt es in jedem Beruf und ist nichts Besonderes! Wohl aber stellt es für einen akademischen Beruf eine Einmaligkeit dar, das Produkt seiner Tätigkeit über einen Abgabetisch gegen Entgelt zu verkaufen. Dieses ist zudem für den Käufer das optische Ergebnis einer manuellen Fertigkeit, also eines Handwerks, wie wohl heute nicht einmal mehr das, sondern nur ein Handelsobjekt eigener Art, doch augenscheinlich immer noch eine Ware! — Grundsätzlich ist dieser Vorgang gar nicht so suspekt und zweitrangig, wie er manchmal hingestellt wird; denn er ist in dem Dualismus Apotheke-Pharmazie im Prinzip enthalten, ihm sozusagen eingeboren. Dennoch war zu allen Zeiten, in denen man das Arzneimittel aus der Apotheke bezog, dieser Beruf mit dem

Odium des Preises, des »Apothekerpreises«, behaftet. Man sollte dieses Problem aber nicht nur von dem Mißverhältnis zwischen der kleinen Pille und dem hohen Geldwert, oder von dem Argwohn des Käufers gegenüber dem von ihm nicht nachprüfbaren Wert der »Ware« her sehen, sondern es sollte auch einmal unter dem Gesichtspunkt betrachtet werden, daß gerade dieser »goldene Hintergrund« dem Beruf zu allen Zeiten Menschen zugeführt hat. Vielen ermöglichte er das Studium aus eigener Kraft, und es gibt nicht wenige Hochschullehrer in Pharmazie, Chemie, Botanik, Biologie, für die der Umweg über die Apotheke der kürzeste und einzige Weg zu ihrem erstrebten Ziel war. Dieses gilt nicht nur für die Vergangenheit, sondern eher noch für unsere Gegenwart.

Auch in einem weiteren Punkte, der zwar oft angesprochen, aber nicht immer in seiner Bedeutung erkannt und daher leicht übersehen wird, ist der stabile materielle Hintergrund der Apotheken die Grundlage positiver und weitreichender akademischer Entwicklungen gewesen. Apothekenlaboratorien waren häufig die Keimzelle späterer chemischer oder pharmazeutischer Universitätsinstitute. In der kleinen nassauischen Stadt Herborn z. B. sah die Gründungsurkunde der ersten rein calvinistischen Hohen Schule Deutschlands 1584 eine eigene Apotheke vor, die als Labor und zu Demonstrationszwecken 233 Jahre lang den Studenten zur Verfügung stand. — In Straßburg gab der Apotheker Jakob Reinbold Spielmann (1722—1783) als Professor den Chemie- und Pharmazieunterricht in seiner Apotheke. Zu seinen Füßen saß der junge Goethe, wie er selbst in »Dichtung und Wahrheit« berichtet. — In Königsberg war es der schon erwähnte Karl Gottfried Hagen (1749—1829), der »ein wohleingerichtetes Laboratorium chymicum« besaß, das er der Universität zur Verfügung stellte und in dem er jahrzehntelang lehrte. — Aus der Ingolstädter Apotheke des Georg Ludwig Claudius Rousseau wurde das Pharmazeutisch-chemische Institut der Universität Ingolstadt — Landshut — München. Das sind nur einige Beispiele, die aus der Verbindung der öffentlichen Apotheke zur Hochschule herrühren. Aber diese allein erklären nicht, warum die Stellung der Pharmazie an den deutschen Hochschulen eine so eigenartige war und ist.

Mit der Entwicklung des hochwertigen Arzneimittels ist die damit verbundene wissenschaftliche Aufgabe zweifellos größer und schwieriger geworden, ihre Lösung im Apothekenlabor immer unwahrscheinlicher. Die Tatsache aber, daß die Fortschritte einer ganzen Epoche auf dem Arzneimittelgebiet in den kümmerlichen Laboratorien der Apotheken erzielt worden sind, hat bei Außenstehenden eine falsche Optik aufkommen lassen. Daß auf diesem Sektor im 18. und 19. Jahrhundert von Apothekern so bedeutende Entdeckungen gemacht wurden, entsprach nur einer Seite ihrer beruflichen Aufgaben. Die andere läßt sich heute — wie damals — am treffendsten aus seiner Berufsbezeichnung, dem Terminus Apotheker-Lagerhalter, ableiten. Doch sollte man dieses »Lagerhalten« nicht nur auf das »Vorrätighalten von Medikamenten« beschränken, sondern auch auf das »Lager an Wissen« ausdehnen, das heute mit dem Arzneimittel verbunden ist und gründlichste naturwissenschaftliche Vorbildung erfordert. Die Diskrepanz zwischen dem im Studium Gelernten und dem im Beruf Ausgeübten würde bald kleiner werden, wenn man sich diesem Gedanken mehr zuwenden wollte. Und damit sind wir bei dem dritten und letzten Teil unseres geschichtlichen Rückblicks, der Frage, wie die Pharmazie sich heute an den Hochschulen ausnimmt.

Zweifellos stehen wir an einem Scheideweg. Die pharmazeutischen Wissenschaften an den Hochschulen sind fest begründet und haben ihre eigene spezielle Problematik. Darüber sollte aber nicht vergessen werden, daß ihre Entwicklung auch darauf zurückzuführen ist, daß junge Apotheker, ohne dazu gezwungen worden zu sein, an die Universitäten gedrängt und sich freiwillig einem Studium unterzogen haben. Vor 100 Jahren bestritt Justus von Liebig noch die Existenzberechtigung eigener Pharmazeutischer Institute — Robert Bunsen erkannte sie dagegen an. Die Chemiker versuchten, die Ausbildung der Pharmazeuten an sich zu ziehen und einen besonderen Hochschulweg für sie zu verhindern. Damals waren es die praktischen Apotheker, die mit zäher Beharrlichkeit ihren Hochschulkollegen zur Seite standen. Sie boykottierten z. B. noch in den zwanziger Jahren dieses Jahrhunderts die Universität Tübingen mit dem Ruf »cavete Tubingiam — meidet Tübingen!«, weil dort ein »reiner« Chemiker auf den pharmazeutischen Lehrstuhl berufen worden war. Nach der Schließung einer Reihe von Pharmazeutischen Instituten im Jahre 1938 war es der Umstand, daß nach 1945 Tausende junger Menschen Apotheker werden wollten, der den Ausschlag gab, die meisten dieser geschlossenen Institute wieder zu eröffnen, neue zu bauen, alte zu vergrößern. Damit erreichte die Pharmazie an den deutschen Hochschulen rein numerisch eine Bedeutung, wie sie sie in ihrer Geschichte nie zuvor besessen hat. Das drückt sich auch darin aus, daß Pharmazeuten in steigender Zahl Rektoren ihrer Universitäten werden. —

Wenn heute die öffentliche Apotheke durch den Strukturwandel in der Arzneimittelherstellung in eine andere Funktion als bisher gedrängt wird, so muß sich auch die nun festverankerte Hochschulpharmazie im Gedanken an die Vergangenheit ihrer Aufgabe für die Zukunft bewußt werden.

Bildnachweis

Seite

9 Blick in eine Apotheke des späten 18. Jahrhunderts. Schweizerisches Pharmaziehistorisches Museum, Basel. (Foto: H. Conradi).

13 Tacuinum Sanitatis in Medicina. »Hausbuch der Cerruti«, Oberitalien 14. Jahrhundert. Lateinischer Text nach Abulkasis de Baldach. Handschrift aus der Österreichischen Nationalbibliothek. Mit freundlicher Genehmigung der Akademischen Druck- und Verlagsanstalt Graz (Faksimile-Ausgabe).

17 Portrait des Basler Apothekers Henmann von Offenburg (1379—1459). Gotisches Glasgemälde, entstanden um 1416. Aus der ehemaligen Karthäuserkirche zu Basel. Mit freundlicher Genehmigung der Firma Andreae-Noris Zahn AG. Frankfurt.

21 Heiliger Damian mit Salbgefäß. Hochgotische Holzplastik um 1500, vermtl. oberschwäbischer Herkunft. Sammlung Dr. Hans Moser, Landau/Pfalz. (Foto: R. Häusser).

25 Pharmacopoeia Augustana restituta. Titelkupfer. Augsburg 1673. Universitätsbibliothek Marburg/Lahn.

29 Dioskurides und ein Schüler. Aus der »Materia Medica« des Dioskurides. Nordirak oder Syrien, 1229 (626 A. H.). Topkapu Saray-Museum, Ahmet III, 2127 Fol. 2 verso. Mit freundlicher Genehmigung der Editions d'Art, Albert Skira, Genève.

33 Titelkupfer der deutschen Ausgabe von Oswald Crolls »Basilica Chymica Continens Philosophicam propria laborum experientia confirmatam...« Frankfurt 1629. Universitätsbibliothek Marburg/Lahn.

37 Gotischer Mörser (entstanden um 1400) mit Folianten. Sammlung Dr. Hans Moser, Landau/Pfalz. (Foto: R. Häusser).

41 Mönch mit Mörser. Lindenholz. Sammlung O. H. Sattler, Stadthausapotheke Hamburg. (Foto: Studio Schmidt-Luchs).

45 Christus als Apotheker. Stammbuchblatt von 1662. HB 26116, Germanisches Nationalmuseum Nürnberg.

Seite

49 Ausschnitt aus der »Anbetung der Könige« eines Antwerpener Meisters um 1525, sog. Meister der Groote'schen Anbetung. Holz, 83x58 cm. Städelsches Kunstinstitut Frankfurt, Inv. Nr. 1403. (Foto: H. Conradi).

53 Alchemist, von Joseph Wright (1734—1779). Museum and Art Gallery, Wardwick-Derby. Mit freundlicher Genehmigung der Badischen Anilin- und Soda-Fabrik AG, Ludwigshafen.

57 Alchemistenküche von Peter Breughel, entstanden um 1530. Stich von N. C. Cock. H 13758, Germanisches Nationalmuseum Nürnberg.

61 Der Alchemist, von Thomas Wyck (1616—1677). Staatliche Kunsthalle Karlsruhe. Mit freundlicher Genehmigung der Badischen Anilin- und Soda-Fabrik AG, Ludwigshafen.

65 Der Scharlatan, von Willem van Mieris (1662—1747). Schweizerisches Pharmaziehistorisches Museum, Basel. (Foto: H. Hinz).

69 Der Kampf der Homöopathen und Allopathen. Sammlung Walter Dörr, Waldenbuch.

73 Apotheke. Entstanden um 1571, auf Kupfer gemalt. Privatbesitz Prof. Dr. R. Schmitz, Marburg.

77 Hofapotheke in Coburg. Daneben: Madonna und Chörlein an der Hofapotheke in Coburg. (Mit freundlicher Genehmigung von Dr. R. Priesner, Coburg).

81 Homöopathische Reiseapotheke. Stadtarchiv Stuttgart. (Foto: A. Schatter).

85 Feldapothekenwagen von Frank. HB 2668, Germanisches Nationalmuseum Nürnberg.

89 Offizin der Hofapotheke zu Bamberg. Deutsches Apothekenmuseum Heidelberg.

93 Der Pfefferstößer. Fresko von Melozzo da Forli (1438—1494). Pinakothek zu Forli. Mit freundlicher Genehmigung der Badischen Anilin- und Soda-Fabrik AG, Ludwigshafen.